英語は「語源×世界史」を知ると面白い

清水建二

JN110312

青春新書
INTELLIGENCE

言語の起源はバベルの塔 !?

『旧約聖書』の「創世記」によると、神に唯一正しい人間と認められたノアは家族と共に神の指示通りに方舟を造り、全ての動物のつがいを乗せて、大洪水に備えた。大洪水は40日40夜続き、地上の生き物は全滅した。しばらくして、ノアはハトを放つが、とどまるところを見つけることができず戻ってきた。それから7日後に再びハトを放つと、今度は口ばしにオリーブの若葉をくわえて戻ってきた。さらに7日後にハトを放ったところ、もはや戻ることはなかった。ノアは水が引いたことを知り、家族と動物たちと共に方舟から降り、そこに祭壇を築き、いけにえを神に捧げた。すると神は二度と全ての生き物を滅ぼすことをしないことを約束し、その契約の証として空に虹をかけ、ノアとその家族を祝福した。「ハト」と「オリーブの葉」が「平和の象徴」とみなされる所以がここにある。

　創世記によれば、当時、人間は同じ言葉を話していた。洪水後、生き残ったノアの子孫たちは東方に町を築き、石の代わりにレンガを、漆喰の代わりにアスファルトを使って天に届く塔を建てて有名になろう、と言い出した。その企てを知った神は人間の言葉を混乱させ、人間たちを各地に散らし、建設を断念させた。いわゆる「バベルの塔（Tower of Babel）」の話であるが、これを契機に各地に散らばった人間は様々な言語を話すようになったとされる。Babel とはヘブライ語で「言語の混乱」という意味で、アッカド語で「神の門」に由来する。アスファルトは現在で

ブリューゲルの「バベルの塔」（筆者撮影）

は舗装道路などに使用されているが、太古の昔から接着剤や防水材として使われてきた材料だ。ノアの方舟には防水材として、エジプトのミイラには防腐剤として天然アスファルトが使用されていた。

　上の絵画は、もちろん空想により描かれたものであるが、現在のイラクやイランに「ジッグラト（ziggurat）」と呼ばれる遺跡があり、これらが基になっていると思われる。アッシリア語で「高いところ」という意味で、古代メソポタミアで階段状に組み上げられたピラミッド神殿である。創世記の「バベルの塔」は、おそらくバビロンのジッグラトが伝説化されたものと言われる。

英語の源流「インド・ヨーロッパ祖語」とは

　現在、世界には 7000 近い言語があると言われているが、これらの言語は共通の祖先から分化したと考えられるグル

ープ（語族）に分類できることが比較言語学の研究により明らかになっている。

　その中でも最大のグループがインド・ヨーロッパ語族である。ヨーロッパで話されているほとんどの言語やインドのヒンディー語、イランのペルシャ語などの起源は同一であり、基はインド・ヨーロッパ祖語（略して「印欧祖語」）という一つの言語から様々な言語に枝分かれしていったものと考えられている。

　たとえば、「足」を表す印欧祖語は ped である。ラテン語ではそのまま ped、ギリシャ語では pod、リトアニア語では peda、インドの古代語であるサンスクリット語では pad となるように、音が非常によく似ている。印欧祖語の子音の p はゲルマン語経由で英語に借入される場合は f の音に変化するので、英語では foot、ドイツ語では Fuss となる。

　同様に、印欧祖語で「父」の pəter はサンスクリット語で pitar、ギリシャ語やラテン語で pater、古ペルシャ語で pita となり、ゲルマン語経由の英語では father となる。

　この法則を発見したのは「グリム童話」の編集者で、著名な言語学者でもあったグリム兄弟の兄ヤーコプ・グリム（Jacob Grimm）だったことから、「グリムの法則」と呼ばれる。

　印欧祖語がいつ、どこで生まれたかについてはハッキリしたことはわかっていないが、紀元前 4000 年頃の南ロシアのステップ地帯に起源があるとも、紀元前 6500 年頃のアナトリアに起源があるとも言われる。いずれにしても、仮にバベルの塔の建設計画が事実であったとすれば、その

頃に話されていた人間の言語は印欧祖語であったと推測することができる。このように考えると、旧約聖書のバベルの塔の話を単に荒唐無稽な作り話と片付けることはできないと筆者は思っている。

ヨーロッパの民族と英語の歴史

　現在、ヨーロッパの人口を構成する主な民族は、他の地域からの移民を除けば、ゲルマン系・ラテン系・スラヴ系の３つが主流である。

　ゲルマン系の言語は英語・ドイツ語・オランダ語・ノルウェー語・スウェーデン語・デンマーク語など、ラテン系の言語はフランス語・スペイン語・イタリア語など、スラヴ系の言語はロシア語・ウクライナ語・チェコ語・ポーランド語などがあり、これら全ての共通の祖先語が印欧祖語となる。

　また、同系統内の言語は親類関係にあり、その中での外国語学習は比較的容易なものとなる。たとえば、ラテン系の言語は文法や語彙が極めてよく似ているので、お互いの言語である程度の意思疎通が可能である。

　英語の歴史は５世紀半ばに北欧からブリテン島に侵入してきたアングロ・サクソン人が話していた言葉から始まる。

　その後、アングロ・サクソン語は９世紀に同じ北欧から侵入してきたノルマン人の一派であるデーン人の言語である古ノルド語に大きな影響を受けることになる。

　さらに、1066年に英語の語彙に大きな影響を及ぼすことになる大事件が勃発する。「ノルマン・コンクエスト」と呼ばれるノルマン人によるイングランド征服だ。これに

より、イングランドでは以後約300年間フランス語が公用語となり、大量のフランス語が英語に流入することになる。

英語はフランス語とは異なる系統の言語であるにもかかわらず、フランス語やフランス語の基となるラテン語由来の単語が非常に多い所以がここにある。

語源による英単語学習が効果的であることは、拙著『英単語の語源図鑑』（共著・かんき出版）の発行部数が単著で85万部を超えていることからも容易に想像できよう。だが、語源学習はどうしても単調にならざるを得ないという欠点があるのも事実だ。

本書の最大の特長は、語源学習の単調さを解消するために、ヨーロッパの歴史を楽しく学びながら英単語の語彙力を高めることを狙った点にある。世界史の教科書では取り上げられない興味深い裏話や、一度聞いたら人に話したくなるような目からウロコ的な豆知識などがふんだんに盛り込まれた点も大きな特長であると自負している。

最後に、3年間に及ぶ新型コロナのパンデミックも終息への出口が見え始め、我々日本人の目も、ようやく海外に向けられるようになった今日この頃。個人的にも、先日マレーシアのクアラルンプール（泥の川の合流点が語源）に観光旅行をしてきたが、コロナ禍以前の世界に完全に戻っていた。近いうちにヨーロッパへも旅してみたいと思っている。過去にヨーロッパを訪れたことがある方でも、そうでない方でも、本書を読むことで、今までとは全く違った見方でヨーロッパ観光を楽しむことができるだろうと確信している。

イベリア半島のレコンキスタ 91

第4章
大開墾運動と十字軍遠征　122

第5章
ルネサンス　157

神中心から人間中心の時代へ　157

本文デザイン　　リクリデザインワークス
本文校正・校閲　皆川秀

第1章

古代ローマと
キリスト教の歴史

英語の語源で「ローマの建国神話」の謎を解く

♛ 軍神マルスから生まれた英単語

　古代ローマの建国神話をご存じだろうか。ローマを観光で訪れたことがある方なら、メス狼と双子の赤ん坊のブロンズ像、あるいはそれを描いた絵画やイラストをどこかで見たことがあるだろう。イタリアのサッカーチームASローマのエンブレムにも採用されているデザインでもある。神話では、都市国家ローマはこの双子の兄弟の兄によって紀元前753年4月21日に建国されたと伝えられている。毎年、ローマ市民にとって記念すべき4月21日から数日間、市内ではローマ兵士に仮装した人たちのパレードや様々なイベントが開催される。

双子のロムルスとレムスに乳を飲ませる狼の像（カピトリーノ美術館）

双子の兄弟はローマ神話の軍神「マルス（Mars）」と「ウェスタ神（Vesta）」に仕える巫女「シルヴィア（Silvia）」との間に生まれた子供である。「戦い」は「火」を連想させるのでマルスは夜空に赤く輝く「火星」の名前にもなっている。形容詞形のmartial（戦争の）から、martial artsは柔道や空手などの「格闘技」、court-martialは「軍法会議」となる。「マーチン（Martin）」や「マーク（Mark）」という男性名もマルスにあやかった勇ましい名前だ。

　マルスは農耕の神でもあった。当時のローマは厳冬で農業も戦争もすることができなかったため、現在の1月と2月に相当する時期には名前すらなく、March（3月）が1年の始まりだった。「行進（する）」のmarchは戦争が始まる「軍隊の行進」が原義で語源はマルス神である。
　ウエスタはラテン語で「竈」の神で、家庭や家族を司る処女神。シルヴィアはアルバロンガ王ヌミトルの娘であった。王の弟アムリウスは兄からの王位簒奪を狙い、シルヴィア以外の兄の子供たちを殺害する。さらにアムリウスは兄の子孫たちからの復讐を恐れ、子供が生まれないように、シルヴィアを巫女にすることで永遠の処女として生きることを義務付けていた。

　ところが、ある日、湖で水汲みの仕事をしていたシルヴィアが急に睡魔に襲われ眠ってしまう。そこにマルスが現れ、眠っているシルヴィアと交わり、双子の兄弟ロムルスとレムスが生まれる。それを知ったアムリウスは双子をカゴに入れて、テヴェレ川に流してしまうが、運よく、カゴはパラティーノの丘の麓でイチジクの木にひっかかり、川岸に流れ着く。

双子はメス狼から乳を与えられ、キツツキから食べ物をもらって生き延び、その後、羊飼いによって成人になるまでパラティーノの丘で育てられる。やがて、出生の秘密を知った兄弟はアムリウス王を討ち取り、祖父のヌミトルをアルバロンガの王位に復位させる。

　話はまだ続く。双子の兄弟は自分たちの国を造るために土地を探す。兄のロムルスはパラティーノの丘、弟のレムスはアウェンティーノの丘を選択し、それぞれの場所に祭壇を築いて、どちらがふさわしい場所であるかを鳥占いで決めることにする。

　当時、鳥の飛び方や鳴き声で占う鳥占いは国事の決定には欠かせないもので、「アウグル（augur）」と呼ばれる卜占官は国家に仕える祭司として重要な役割を担っていた職業である。この占いでは決着がつかずに、両者は対立し、戦いになった結果、兄のロムルスが王位に就くことになった。これがローマの建国神話である。

♛ 人気観光地「パラティーノの丘」から生まれた「宮殿」

「ローマ」はラテン語またはイタリア語表記ではRoma、英語表記ならRomeだが、この名称は双子の兄の「ロムルス（Romulus）」に由来すると言われる。言語学的には確かなことはわかっていないが、少なくともイタリア人はそう信じている。なお、パラティーノの丘（Monte Palatino）は、その後、歴代ローマ皇帝の官邸として利用されており、「宮殿」を意味する「パレス（palace）」の語源となっている。

♛ ローマから生まれた英単語

Rome（ローマ）の派生語に、**Roman**（〈古代〉ローマの、〈古代〉ローマ人）、**romance**（ロマンス、恋愛小説、ロマン）、**romantic**（ロマンチックな）、**Romanize**（ローマ風にする）、**Romanic**（ロマンス語〈の〉）などがある。

ロマンス語とは古代ローマ人の言語であったラテン語から枝分かれした言語で、イタリア語・ポルトガル語・スペイン語・フランス語・ルーマニア語などの言語の総称である。これらの言語は、ローマ帝国崩壊後に、各地の土着語を吸収しながら独自の変化を続けた結果生まれたものである。「ローマ字」はRoman alphabetまたはLatin alphabetというが、alphabetとはギリシャ文字の「アルファ（α）」と「ベータ（β）」の合成語であり、ラテン文字（ローマ字）はギリシャ文字を借用したものであることがわかる。アルファから始まりオメガで終わるギリシャ文字は24個から成るが、このうちの最初の4つまでの文字と15番目の文字は新型コロナウイルスの変異株の名に使われている。

♛ 新型コロナ「オミクロン」と顕微鏡は同語源

アルファ、ベータ、ガンマ、デルタの4文字は日本でもお馴染みだが、15番目のオミクロンは初耳の方も多かっただろう。ギリシャ文字には英語のアルファベットのOに相当するものとして「オミクロン（O）」と「オメガ（Ω）」という2つの文字がある。かつて、これらは前者が短音の「オ」、後者が長音の「オー」と区別されていたが、今日では文字の違いだけで発音の違いはない。

「オミクロン（omicron）」と「オメガ（omega）」の語源は、前者が「micron（小さい）O」、後者が「mega（大きい）O」である。「ミクロン（micron）」は1メートルの100万分の1を表す単位、microscopeは「顕微鏡」、microphoneは「マイク」、microbeは「微生物」、Micronesia（ミクロネシア）は「小さな島々」が語源である。一方のmega（メガ）は、megaphone（メガホン）、megaton（メガトン、100万トン）のように「大きな」という意味のギリシャ語に由来する。

　ラテン語の読み方は基本的にはローマ字と同じように読めばよいので日本人には比較的容易である。注意しなければならないのは次に挙げる単語の頭文字の子音の発音である。Caesar / Jupiter / Venusは、それぞれ英語式に読めば「シーザー」「ジュピター」「ヴィーナス」だが、ラテン語では「カエサル」「ユピテル」「ウェヌス」と読む。

　ほかにも細かい点でローマ字と読み方の違いはあるが、この３つの子音の発音を覚えておけば、ほとんどのラテン語を読むことができる。

GHQによる日本語のローマ字国字論

　ローマ字が日本に伝わったのは室町時代のことである。1543年、ポルトガル人を乗せた中国船が鹿児島の種子島に漂着したことをきっかけに日本との交易が始まり、その後、イエズス会の宣教師たちがキリスト教布教のために日本にやってくる。彼らは日本語を習得するための一つの手段として、日本語をローマ字で書き取っていた。

　その後、江戸幕府のとった鎖国政策のため途絶えていたロ

ーマ字は、江戸末期に鎖国が解かれたことで復活する。当時、ローマ字には複数の表記法があったが、この時に採用されたのが米国宣教師ヘボンによる「ヘボン式ローマ字」だ。ヘボン式では「シ」「チ」「ツ」「シャ」「チャ」などはshi / chi / tsu / sha / chaと表記される。

「ヘボン」とは英語らしくない響きの名字だが、ヘボン氏の英語の綴りはHepburn（ヘップバーン）で、原音に近い形で表現されたものである。なお、第二次世界大戦敗戦後、GHQによる占領統治下で、日本語をローマ字化する計画があった。「日本語は漢字が多く、識字率が上がりにくいために日本の民主化を遅らせている」という米国人の愚かな発想から生まれた計画であったが、万が一にもそれが実施されていたらと考えるとゾッとする思いがする。

王政ローマから共和制ローマへ

　紀元前753年にロムルス王から始まった王政は７代続く。王は世襲制ではなく、５代目と７代目はエトルリア人が王になっているが、紀元前509年にローマ市民団はエトルリア人の王を追放し、新たに共和制を樹立させる。エトルリア人とは紀元前９世紀頃からイタリア半島に定住していた先住民族である。

　「元老院（senatus）」は政治運営の最重要決議機関で、貴族たちから選ばれた元老院の議員たちは独裁者が現れないように、互いの意見をまとめながら国家を統制しようと考えていた。

♛ 「元老院」から生まれた英単語

　senatusは12世紀にsenateとして英語に借入される。

senateの文字通りの意味は「老人」であるが、米国では現在でも「上院」の意味で使われ、**senatorなら「上院議員」**である。**seniorは「上位の」「年長の」、seniorityは「地位や年が上であること」**。年上の男性に向かって使うsirも同語源で、スペイン語ならseñor（セニョール）。相手が既婚女性ならseñora（セニョーラ）、未婚女性ならseñorita（セニョリータ）となる。

　当時、ローマ市民は貴族と平民に分かれており、対等な関係ではなく、実質的には貴族共和制であった。しかし、イタリア半島統一戦争を通して、平民が重装歩兵の中核となることで発言権を増していき、紀元前3世紀初頭には貴族と同等の権限を持つようになり、真の意味での共和制が実現する。

♛ republic（共和制）と popularity（人気）の共通点

「共和制」とは国王や皇帝などの専制君主が存在しない国家体制のことで英語では**republic**という。この単語は、ラテン語の「res（問題、事柄）＋publica（人民）」が語源で、**public**は形容詞で**「大衆の、公共の」**、名詞で**「一般人、大衆」**、PR（ピーアール）とはpublic relationsの略で、「宣伝活動」のこと。**publish(出版する、掲載する)、publisher(出版社)、publication(出版、発表)、publicity(広告、宣伝)**などが同系語である。

　さらに、**people(人々)**もpublicと根っ子の部分ではつながっており、**popular(人気のある、一般向けの)、popularity(人気、評判)、population(人口)、populous(人口の多い)、populism(ポピュリズム、大衆迎合)、populist(ポピュリスト、大衆迎合の政治家)**なども同語源だ。

　共和制ローマは強力な軍事力で周辺の都市国家や部族を征服しながらイタリア半島を統一したのちも版図を拡大し、紀元前1世紀末までには地中海全域を支配していく。領土拡大によって、莫大な富を手にした元老院を中心とする貴族たちがいる一方で、軍隊の中枢を担っていた平民たちは戦争により疲弊していく。

♛ 独裁官(dictator) と辞書(dictionary) は同じ語源

　やがて貴族と平民の対立が激化し、約100年間の内乱が続くことになる。このような混乱の中で平民派の将軍として実権を握ったのがカエサルだった。彼は紀元前46年に、あらゆる領域に及ぶ強大な権限を持つ「独裁官(dictator)」になり、その2年後には終身独裁官になっている。

　dictate(指示する、書き取らせる)は、ラテン語dedicareが語源で、dictには「示す、宣言する」の意味がある。dictionは「話し方、言葉遣い」、dictionaryはdictionをまとめた「辞書」、predictは「前もって示す」から「予言する」、indicateは、言葉の中に示して「ほのめかす」、contradictは、反対のことを示して「否定する、反論する」、dedicateは、神に完全な意志を示して「捧げる」、addictは、「薬物やアルコールなどが示す方へ」から「中毒者、常習者」などの意味になる。

　独裁政治は共和制の崩壊につながることを恐れた元老院議員の一部から反発を招き、カエサルは暗殺されてしまう。暗殺の共犯者の中に共和制の熱心な支持者であったブルータスもいた。英国劇作家シェークスピアの『ジュリアス・

シーザー』でカエサルが発したラテン語 "Et tu, Brute?（ブルータスよ、おまえもか？）" のセリフは日本でも有名である。

👑 emperor（皇帝）と imperial（帝国の）の語源は「命令する」

このような内乱に終止符を打ったのがカエサルの養子であったオクタヴィアヌスだ。彼は紀元前27年に元老院から「尊厳ある者」という意味の「アウグストゥス」の称号を受け、帝政ローマの初代皇帝となる。「皇帝」はemperor、皇帝が支配する「帝国」はempire。

これらはラテン語imperare（命令する）が基になっており、形容詞形のimperialは「帝国の」、その名詞形のimperialismは「帝国主義」となる。もう一つの形容詞imperativeは「絶対必要な」「命令的な」。ちなみに、日本の「帝国ホテル」はImperial Hotelと言う。

👑 ローマ皇帝アウグストゥスに由来する８月（August）、権威（authority）、オークション（auction）

7月のJulyはJulius Caesar（ユリウス・カエサル）の誕生月、8月のAugustはAugustus（アウグストゥス）に由来する。Augustusは、前述の卜占官のアウグル（augur）と同様に、「増える、生む、育てる」が語源である。authorは作品を生み出す「著者」、authorityは、ものを生み出す「権威」「権力」、動詞形authorizeは「権限を与える」、auctionは値段が増えていく「競売、オークション」、augmentは「増やす」となる。

世界の三大宗教とは

以上がロムルスから始まる王政ローマが共和制を経て帝

政ローマに至るまでのザックリとした古代ローマ史の流れ
だが、ここからは話題を宗教に移そう。2020年の世界人口は
約78億人と推定されているが、The world's religious
population in 2020（世界の宗教人口2020年）によれば、世界
三大宗教のうち、キリスト教徒は24.4億人で全体の31.3%、イ
スラーム教徒は19.5億人で25%、仏教徒は4.9億人で6.3%とさ
れている。

　なお、ヒンドゥー教徒は11.6億人で世界第3位の14.9%を占
めるが、信者はインド周辺にしかおらず、世界的な広がりを
みせていないため三大宗教からは除外されている。

♛ religion（宗教）と rely（信頼する）の「結びつき」は？

「宗教」のreligionの語源については諸説あるが、ラテン語
で、人と神を「強く結びつける」という意味のreligareに由来
するというのが最も一般的な説とされる。

　relyは、結びつきを強めて「信頼する」、reliableは「信頼でき
る」、ally（アライと発音する）は「結ぶ方へ」から「同盟国」や
「同盟する」、allianceは国家間の「同盟」や「提携」、obligeも
「縛る方へ」から「強制する」、obligatoryは「強制的な」、
obligationは「義務、恩義」となる。

　その他、league（リーグ、連盟）、liaison（連結発音、リエゾ
ン）、liable（責任・義務がある、しがちな）なども同系語である。

ユダヤ教から生まれたキリスト教

　キリスト教は、今から2000年ほど前、パレスチナ生まれの
一ユダヤ教徒、イエスを祖とする宗教である。イエスの両親
は敬虔なユダヤ教徒で、母はマリア、父はヨセフ。ヨセフの
職業は大工であったが、イエスの職業については不明である。

ユダヤ教は唯一絶対神ヤハウェを信仰する一神教で、ユダヤ人のみが神に選ばれた民であるという「選民思想」と、神が定めた決まりを厳格に守るという「律法主義」を特徴とする宗教である。

律法は信仰に関することだけでなく、日常生活の細部にわたる決まりを守ることを義務付けている。「モーセの十戒」は、預言者モーセと唯一神ヤハウェとの間に交わされた10の契約のことであるが、実はその他にもユダヤ教徒の聖典である『旧約聖書』にはたくさんの戒律が記されている。

食べ物に関しては、「カシュルート」と呼ばれる厳格な食事規定があり、食べてもよいとされるものは「コーシェル」や「カシェル」などと呼ばれる。

英語のkosher（コーシャーと発音する）は、ユダヤ教の掟に従って処理された**「適法な、清浄な」**という意味で、kosher mealはユダヤの教義に従って適正に調理された食事のこと。

日本でもANAやJALなどの国際便を利用する際、事前に予約すればコーシャーミールが用意されるようだ。コーシェルは陸上では、草食動物で蹄が割れていて反芻する生き物、海・川・湖ではヒレとウロコがある生き物、その他、猛禽類を除く一部の鳥などが『旧約聖書』に記されている。

具体的には、牛・ヤギ・羊・鹿などは食べてもよいが、豚・ラクダ・イノシシなどは蹄が割れていても反芻することがないので食べてはいけない。魚はウロコがあるものがほとんどで食べることはできるが、日本人が大好きなウナギ・アナゴ・イカ・タコ・エビ・カニ・アワビ・カキなどの魚介類は食べることができない。

ユダヤ人の中には、このような律法に従わない人たちもたくさんいた。イエスもその一人で、法律さえ守れば神から罰を受けることはないという律法主義や選民思想にも批判的だった。神の愛は特定の民族ではなく全人類に対して平等であるべきで、その「神の愛」と同じように、人間同士もお互いに助け合わなければならないという「隣人愛」が重要であると説いていた。

イエスはユダヤの預言者ヨハネ（十二使徒のヨハネとは別人物）に洗礼を受けていたが、ヨハネの考えには納得できずに修行を重ねていく。そして、自らが救世主・メシアであると目覚め、各地を訪れながら弟子を増やすことで、自然発生的に教団のようなものができていった。

だが、律法を厳格に守ることで知られ、大きな力を持っていたパレスチナ周辺のパリサイ派は、イエスの絶大な人気と影響力を無視することができなくなり、イエスを裁判にかける。

ユダヤの裁判ではユダヤ人を死刑にすることは認められていなかったため、イエスの身柄はローマに引き渡される。当時、パレスチナはローマ帝国の属州であり、ローマから派遣された総督ピラトはユダヤ王ヘロデとの交渉を経て、イエスに死刑を宣告し、十字架の刑に処した。

罪状は、『新約聖書』「ヨハネによる福音書」第19章19節ではラテン語で "IESVS NAZARENVS REX IVDAEORVM（ナザレのイエス、ユダヤ人の王）"、つまり「ナザレのイエスがユダヤ人の王を名乗った」ことが語られる。このラテン語による罪状は長かったため、イエスがかけられた十字架の上に頭文字のINRIと記された札が付けられたと言われる。

28年頃のことで、イエスが33歳の時であった。

👑 使徒（apostle）の語源と関連する英単語

　処刑から3日後に復活したイエスを見たという使徒たちがイエスこそがメシアであると確信し、イエスの教えを広めたことでキリスト教は急速に広まっていく。キリスト教の聖典『新約聖書』は主に、「福音書」と呼ばれるイエスの言行録、弟子たちの伝道を記録した「使徒言行録」、「パウロの手紙」を含む21の「書簡」、「ヨハネの黙示録」などから成り、4世紀までに主にギリシャ語でまとめられたものである。

　「使徒」は英語でapostle（アパースルと発音する）で、語源は「apo（=ab〜から離れて）＋stel（送る）」から「派遣された者」が原義。形がよく似ているepistleはイエスの使徒たちが世に送り出した新約聖書の「書簡」のことで、これらに使われるstleは印欧祖語で「置く、立つ」のstelにさかのぼる。

　stillは「置いてある状態」から、形容詞で「動きのない」「静かな」、副詞で時間の動きがない状態から「依然として、まだ」、staleはビールやソーダをそのままにしておいた状態から「気の抜けた」、stallは市場に立つ「露店」や「屋台」の意味になる。stallは動詞なら、動きがなくなることから「エンジンを止める」意味となる。「エンスト」は和製英語で、engine stallが正しい英語。install（インストール）は「中に置く」から「取り付ける」となる。

👑 クリーム（cream）はキリスト教の聖油に由来

　「救世主」の「メシア（Messiah）」は英語読みでは「メサイア」で、「油を注がれた者」という意味のアラム語のmeshiha

やヘブライ語のmashiahにさかのぼる語で、古代イスラエル王が即位の儀式で、額に油を注がれたことに由来する。英語でthe Messiahと言えば「イエス・キリスト」のことであるが、Christもギリシャ語の「油を注がれた者」を表す khristos（クリストス）が基になっている。

christenは「キリスト教徒にする」、Christianは「キリスト教徒（の）」、Christianity（キリスト教）、Christmas（クリスマス）は「キリストのミサ（mass）」のことで、cream（クリーム）も同語源である。

キリスト教以前のローマのミトラ教

古代ローマの宗教は多神教で、帝政期になってからも神話に登場する神々の偶像崇拝（すうはい）や異教の信仰も盛んに行われていた。ミトラ教もその一つで、古代インドや古代イランの太陽神ミスラ信仰やアケメネス朝ペルシャのゾロアスター教の流れを汲む原始的な密儀宗教であった。ミトラ教は、太陽神ミトラと土着のローマの神々が融合されたもので、歴代のローマ皇帝も信奉者であった。皇帝たちは民衆統制のために統一した宗教の必要性を感じており、自らを太陽神ミトラになぞらえ、皇帝崇拝の思想を広める狙いがあった。

「ミトラ（mitra）」は、サンスクリット語で「計量者」の意味で、歳月を測る（はか）者から「太陽神」、人間関係を量る（はか）者から「友情の神」「正義の神」「契約の神」とされる。古代の農耕社会では、太陽の力が最も弱くなる冬至の頃に、太陽の力が甦る（よみがえ）ことを願う冬至祭が行われていた。古代ローマでもミトラ神の誕生を祝うミトラ祭は冬至祭の一つであり、次のような神話がある。

「ミトラは世界に豊穣をもたらすために天の牛を犠牲獣として捧げることを決意し、牛を見つけると洞窟に連れていき、牛の肩口を短剣で突き刺す。すると、流れ出た血に犬やヘビが飛びつき、その血や牛の尾が麦の穂に変わって世界は豊穣の時を迎える。牛が死ぬと太陽神が降りてきてミトラ神と契約を交わした後、彼らは共に食卓につき、牛とぶどう酒を食し、最後にミトラ神は太陽神の戦車に乗って昇天する」という物語である。

ミトラ教では牛は神聖視され、祭日に牛を殺して、その血を神に捧げる習慣があった。その名残として、ヒンドゥー教では今でも牛は神聖なものとして食べることが禁じられている。

ローマ暦では冬至祭はミトラ神の生まれた12月25日に行われており、この日には洗礼のような禊（みそぎ）があり、パンとぶどう酒による聖餐（せいさん）が行われていた。牛殺しの象徴として、牛と牛の血を、それぞれパンとぶどう酒になぞらえたもので、この儀式がのちにキリスト教に取り入れられたとする説が興味深い。

♛ 夏至・冬至の solstice は「太陽が止まっている地点」

太陽が復活する日である冬至は、古代の農耕民にとっては非常に重要な日であった。彼らは何らかの方法で冬至の日を知ると同時に、太陽の復活を願って、冬至の日の出を拝んでいたと思われる。イングランド南部にある巨大環状列石ストーンヘンジの建造目的は未だに解明されていないが、太陽の動きに合わせた造りになっており、夏至の日の出と冬

至の日の入りを見通せるように設計されているとも言われる。つまり、太陽暦に基づくカレンダー説である。

冬至と夏至は、それぞれ英語で、winter solsticeとsummer solsticeという。solsticeはラテン語で「見かけ上、太陽が止まっている地点」を意味するsolstitiumが基になっており、solは「太陽」、stitiumは「止まっている状態」のこと。solは印欧祖語で「太陽」を表すsawelにさかのぼる。solar（太陽の）、solarium（サンルーム、日焼けサロン）、parasol（パラソル、日よけ）、insolation（日射病）などはラテン語由来の単語である。

一方、sun（太陽）、sunny（晴れた）、Sunday（日曜日）、south（南）、southern（南の）はゲルマン語由来の単語だ。ギリシャ語経由では、レベルは高くなるが、helium（ヘリウム）、heliotrope（向日性植物）、惑星やすい星が太陽に最も近付く「近日点（perihelion）」などがある。

♛ 阿弥陀（アミダ）のミは「量る」の me

「ミトラ」の語源はサンスクリット語で「計量者」であることは前述の通りであるが、「阿弥陀」も同じ語源で、サンスクリット語の「アミターバ（amitabha）」と「アミターユス（amitayus）」という2つの言葉に由来する。意味は「量り知れない命や光」のことで、「阿弥陀仏」は「量り知れない命や光を持った仏様」のことである。

これらの単語は印欧祖語で「量る、測る」という意味のmeにさかのぼることができる。楽曲を一定のテンポに保つための時間測定機器のmetronome（メトロノーム）、diameter（直径）、thermometer（温度計）、symmetry（左右対称）、asymmetry（左右非対称）、pedometer（歩数計）なども同

語源である。

　ちなみに、ハシゴ状の線をたどって、順番や当たりを決めるくじを「あみだくじ」というが、起源は室町時代にさかのぼる。当時のあみだくじは、現在のものとは異なり、真ん中から外に向かって放射状に線を引いたものから選ぶもので、語源は「阿弥陀如来」である。放射状に伸びた線が阿弥陀如来の後光に似ていたことに由来する。

　なお、「南無阿弥陀仏」の「南無」は、「私は心から従う」という意味のサンスクリット語のnamoまたはnamahが語源である。

　インドやネパールで交わされる挨拶で、出会った時や別れる時にも使われる「ナマステ（namaste）」は「南無」と同じ語源で、「namas（私は心から従う）＋te（あなたに）」に由来する。これらのnamo／namah／namasの出所は印欧祖語の「割り当てる」「つかむ」「捧げる」という意味のnemにさかのぼる。

👑 数字のことをなぜナンバーという？

　numberは割り当てる時に数える「数字」。numbは、寒さなどでつかまれたように、感覚が「しびれた」、nimbleはつかむことができるから「素早い」、nomadは、割り当てられた土地で放牧する人が原義の「遊牧民、流浪者」となる。ギリシャ神話に登場する「憤激の女神」の「ネメシス（Nemesis）」も同じ語源で、神をないがしろにする人間の傲慢さに容赦なく手きびしい罰を与えたと言われている。ギリシャ語のnemein（ふさわしいものを量り分ける）から生まれた語だ。

♛ 学問名の語尾につく nomy の意味

　economy（経済）、astronomy（天文学）、autonomy（自治権）、gastronomy（美食学）など、語尾のnomyも同語源で、割り振ってする「管理」や「規則」に由来する。economyは「家の管理」、astronomyは「星の規則」、autonomyは「自分で管理すること」、gastronomyは「胃袋を管理すること」から生まれた語だ。

　「仏（様）」はBuddhaだが、この語は特定の個人名ではなく、サンスクリット語で「悟りを開いた者」に由来する語である。「仏教」はBuddhism、「仏教徒」はBuddhistとなる。　仏教の開祖はゴータマ・シッダールタ（Gautama Siddhartha）で、紀元前6世紀から5世紀あたりに北インドで生まれた人物とされる。父親が釈迦族の王であったことから「釈迦牟尼（シャカムニ）」とも呼ばれるが、Sakyamuniとは「釈迦族の賢人」という意味である。名字のGautamaは「最も偉大な牛」だ。

　印欧祖語で「牛」は gwou（グゥオウ）で、おそらく、牛の鳴き声から生まれた語であると思われる。gwouから生まれた語がcow（雌牛）とbull（雄牛）だ。

迫害されたキリスト教

　キリスト教は皇帝崇拝を明確に否定するものであったため、ローマ皇帝から徹底的に迫害されることになる。

　十二使徒の一番弟子ペトロは、イエスの昇天後にローマで布教している時に、第5代皇帝ネロにより逆さ十字の刑に処せられている。

　ペトロは刑に処される際に、自分はかつてイエスを裏切ったことがあり、イエスと同じような状態で磔（はりつけ）にされるのに値

しないとし、自ら逆さに十字架にかけられることを希望したと言われる。

　ペトロの本名はシモン。ガリラヤの漁師であった彼が、ある日、湖で漁をしていると、イエスが近付き「私についてきなさい。人間をとる漁師にしよう」（「マタイによる福音書」第4章19節）と言われ、イエスに従う。さらに「あなたはペトロ。私はこの岩の上に私の教会を建てる」と言われた後に、彼は「天の国の鍵」を授けられている（「マタイによる福音書」第16章13節～20節）。

♛ 聖ペテロに由来する名前

「ペトロ」とはギリシャ語で「石」や「岩」の意味だが、ペトロが処刑後に葬られた墓の上には、ヴァチカンに隣接する「サン・ピエトロ大聖堂」が建てられている。

　サン・ピエトロとは聖ペトロのことで、イエスから天の国の鍵を授けられたことから、ローマ・カトリック教会の初代教皇とみなされている。現在も、大聖堂の前には右手に鍵のようなものを持っているペトロの像が立っている。

「ペトロ（Petro）」はプロテスタントではペテロと呼ばれるが、イタリア語では「ピエトロ（Pietro）」、英語では「ピーター（Peter）」、ドイツ語では「ペーター（Peter）」、フランス語では「ピエール（Pierre）」、スペイン語やポルトガル語では「ペドロ（Pedro）」、ロシア語では「ピョートル（Pyotr）」と、国によって呼び方が異なる。

♛ 油（oil）はオリーブ（olive）の油が語源

　ちなみに、ヨルダンの世界遺産「ペトラ遺跡」は「岩の遺

跡」の意味である。petrolは「petra（石）＋oil（油）」から「石油」となり、oil（油）は「オリーブ（olive）の油」が語源である。

暴君ネロ、実は名君であった

64年7月にローマで大火災が起こっている。当時のローマは人口が急増し、100万都市になっていた。土地が狭いために、4階建てや5階建ての集合住宅が密集していた。建物の天井・床・梁（はり）などは木造で、道幅が狭かったため、延焼を止めることができず、完全に鎮火するのに7日かかったと言われている。

火災が発生した時、故郷のアンティウムにいたローマ皇帝ネロは知らせを聞くと直ちにローマに帰り、皇帝として立派な対応をする。だが、ネロは高台から大火を見下ろし、竪琴（たてごと）を奏（かな）でながら歌を歌っていたという風評が流される。

さらに、新都市計画のためにネロ自らがローマに火を放ったという風評まで流されることになる。

ネロはそれらを否定するために、火災の原因がキリスト教徒による放火であるとして、迫害を行っている。

ローマの大火以前にも、ネロは母親のアグリッピナ、側近のセネカ、前妻のオクタヴィアを死に追いやっているが、これらはのちにタキトゥスなどの著名な歴史家によって広められることで、暴君ネロのイメージが固定化されていくことになる。

♛ ティラノサウルスのティラノは暴君（tyrant）に由来

「暴君」または「専制君主」の英語tyrant（タイラントと発音する）はギリシャ語のtyrannosからラテン語のtyrannusを経て、13世紀に英語に借入された語である。tyranny（ティラ

ニーと発音する）は「圧政、暴虐（な行為）」、tyrannicalは「暴君のような」、tyrannosaurus（ティラノソーラスと発音する）は「暴君竜」と訳される「ティラノサウルス」となる。恐竜名の語尾の「saurus（サウルス）」は「トカゲ」の意味で、「恐竜」のdinosaur（ダイナソーと発音する）は「おそろしいトカゲ」が語源である。

　しかし、近年の研究では、暴君のイメージは、ネロと対立していた元老院議員たちの陰謀によるものであったという説が有力になっている。タキトゥス自身も元老院の議員であり、元老院寄りの視点で歴史書を書いていたと思われる。都市の復興に際しても元老院議員たちの土地を没収して、公共の施設などを建てたことで、大きな反感を買っていた。

　ネロは庶民を優遇するための改革を行い広く愛されており、私財を投じて都市の復興にあたっている。道幅を広げ、建物の高さを制限し、コンクリート造りにするなど火災に強い都市に造り替えた。

　ローマ大火の15年後の79年にヴェスヴィオ火山が噴火し、人口１万人都市ポンペイが一瞬にして火山灰の下に埋もれてしまう。ポンペイの発掘調査は18世紀から始まり、今日まで続いているが、出土した漆喰の壁にはネロに関する落書きが多く見られ、彼が大衆に人気があったことを物語っている。二人目の妻ポッパイアはポンペイの出身で、ネロはこの地を何度も訪れていたのだ。

　以上のように、ネロは庶民にとっては名君であったが、一つ難点を挙げるとすれば、贅沢の限りを尽くしたネロの新居

となった「ドムス・アウレア（黄金宮殿）」だ。敷地面積は50ヘクタールとも150ヘクタールとも言われる。ちなみに、50ヘクタールは東京ディズニーランド約1個分に相当する広さだ。

♛ 競技場（colosseum）はネロの巨大な像に由来

現在、コロッセオがある場所にはかつて人工池があり、その脇には黄金色に輝く、高さ30メートルのネロの彫像が立っていた。実物よりも大きな彫像はラテン語で「コロッスス（colossus）」と呼ばれ、この近くに建てられた円形闘技場が**Colosseum（コロセウム）**である。colossusはフランス語経由で18世紀に**colossal（巨大な）**として英語に入ってきている。

♛ グロテスクの起源は洞窟の壁画に描かれた模様から

ネロの死後、104年に宮殿は火災に遭い、その後は敷地内に公共の建築物が建てられ、宮殿は土に埋もれて長い間、忘れ去られていた。その後、ルネサンス期に地下に埋もれた洞窟のような遺跡が発見され、古代ローマ独特のスタイルで描かれた壁画が多くの著名な画家たちを惹きつけた。

その絵画は、イタリア語のgrotta（洞窟）から、グロテスク模様と呼ばれるようになる。「怪奇な、とんでもない、グロテスク風の」という意味のgrotesqueとして英語に入ってきたのは16世紀になってからのことだ。

♛ ドーム、ドメスティック…dom（家）に関連する言葉

「ドムス・アウレア（Domus Aurea黄金宮殿）」のdomusは「家」を表すラテン語である。イタリアのミラノやフィレ

ンツェの「ドゥオーモ（duomo）」は「大聖堂」と訳されるが、ラテン語の「神の家」が原義。domeは「丸屋根」や「ドーム球場」、condominium（コンドミニアム）は、家が一緒になった建物から「分譲マンション」、domestic（ドメスティック）は「家の」から「家庭内の、国内の」、domesticateは、家の中に入れて「家畜化する」、dominateは家主＝領主として「支配する」などとなる。

♛ 古代ローマ金貨は金の元素記号Auやオーロラと同語源

「ドムス・アウレア（Domus Aurea）」のaurea（金の）は、「金」の元素記号のAuの基になっており、ローマ時代の金貨は「アウレウス（aureus）」と呼ばれた。フォロ・ロマーノ（ローマ市民の広場）は現在、古代ローマの遺跡がある観光地になっているが、ここの農耕神サトゥルヌス神殿の前に「ミリアリウム・アウレウム（Miliarium Aureum）」と呼ばれる「黄金の里程標」がある。初代皇帝アウグストゥスにより建造されたもので、"All roads lead to Rome.（全ての道はローマに通じる）"という格言の通り、ここが全てのローマ街道の起点となっていた。

♛ マイル、ミリオン、ミリオネアの関係

現在では、基礎の部分しか残っていないが、ローマ帝国領内の全ての主要都市への距離が、ここに刻まれていた。ここを起点に、1マイル毎に、「マイルストーン（milestone）」が置かれていた。mileの語源は、ラテン語で、1,000の意味で、左右で一歩として千歩進んだ距離を表す単位で、現在は約1.6kmであるが、当時のローマでは、約1.5kmであった。millionは、1,000より一つ単位が上の1,000,000となる「100万」となり、

millionaireなら、100万ドル、または100万ポンドを持つ「大金持ち」や「百万長者」のことになる。

レベルは高くなるが、aureoleは、聖像が放つ「後光」や「光輪」のこと。ちなみに、「彼はオーラがある」は、"He has an aura."というが、aura(オーラ、雰囲気)は「涼しいそよ風」という意味の別の語源である。

地下のカタコンベで信仰を続けたキリスト教徒

話をキリスト教に戻そう。ディオクレティアヌス帝によるキリスト教徒の大迫害は最後にして最大の迫害として知られ、自らをローマ神話の主神ユピテルになぞらえ、神としての皇帝崇拝をキリスト教徒に強制する。その命令にそむいたキリスト教徒たちはコロッセオに連行され、ライオンの餌食として公開処刑されている。

このような迫害にもかかわらず、彼らは「カタコンベ」と呼ばれる墓地の地下に避難所や礼拝所を造り、身を隠しながらキリスト教を信仰していた。

「カタコンベ」は英語ではcatacomb(キャタコウムと発音する)で、ラテン語の「cata (〜の間に) + tumbas (墓)」に由来する。ラテン語のtumbaは英語ではtomb(墓)に変化し、印欧祖語で「膨れる」という意味のteueにさかのぼることができる。

体の一部で膨れた部分の「太もも」のthigh、「親指」のthumb、「腫瘍」のtumorも同語源。ラテン語由来のtuberは英語でも、ジャガイモなどの「塊茎」の意味になるが、「トリュフ」のtruffle(トラッフルと発音する)はイタリア語由来の語である。tubercleは「小塊茎」で、肺に炎症が起こる「結核」はtuberculosis(テュバーキュロウシスと発音する)となる。

その他、**100が膨れてできた単語が1,000のthousand**だ。

♛ grave と tomb（墓）の違い

　ちなみに、遺体を埋葬するために地面に「掘った穴」が原義のgrave（墓）に対して、**tombは遺体が埋葬されている穴の上、もしくは下にある「墓石」や「墓標」**のことで、一般的に、「墓参りをする」なら、visit the graveと表現する。歴史上偉大な人物の墓を見学するなら、visit the tombとなる。

ヴァレンタインデーの起源

　カトリック司祭であったヴァレンティヌス（Valentinus）も３世紀後半にローマ皇帝の迫害により殉教（じゅんきょう）している。彼の殉教の理由には諸説あるが、次の説が最も一般的である。

　時の皇帝クラウディウス２世は、兵士の士気が下がることを恐れて兵士たちの結婚を禁止していたが、ヴァレンティヌス司祭は皇帝の命令にそむいて、恋人たちの結婚式を密かに執（と）り行っていたために処刑されたという説である。

　以降、彼は恋人たちの守護聖人として崇拝され、殉教した２月14日はヴァレンティヌスの日として祈りを捧げることとなった。これが今日世界中で祝われているヴァレンタインデー（Valentine Day）の起源であるとされる。

　日本では1970年代に入って、女性から男性にチョコレートをあげるのが習慣になってきたが、世界的には男性から女性にプレゼントを贈る国も多い。未婚の男女が意中の相手に思いを告白するという習慣は14世紀のフランスとイギリスの宮廷で始まったとする説が有力である。

　この日に特別なカードや手紙を贈る習慣は19世紀初めに

イギリスで流行したという記録も残っており、イラストレーターのRichard Doyle（リチャード・ドイル）のイラストには男性が若い女性にカードを渡す場面が描かれている。イギリスでは、この習慣はその後一時廃れるも1920年代から再流行し、今日に至っているようだ。

　真偽のほどは定かではないが、ヴァレンタインデーの起源は、3世紀頃に古代ローマで行われていた「ルペルカリア祭」に由来するという説もある。2月14日はローマ神話の主神ユピテルの妻で結婚と家庭の繁栄を司る女神ユノーの祝日で、その翌日がルペルカリア祭であった。

　この祭りはローマのパラティーノの丘の麓にある洞窟に住んでいたと言われる牧羊神Lupercus（ルペルクス）を讃える祭りである。ルペルクスの名前はラテン語で「狼」に由来するが、勘の鋭い方はピンときただろう。

　ルペルクスはローマを建国した双子の兄弟ロムルスとレムスを育てたメス狼と羊飼いを表す名称である。この祭りでは、前日に女性が自分の名前を書いた紙を桶の中に入れておき、翌日に男性がくじを引き、紙に書かれていた名前の女性と一緒に過ごすことができるというものだった。実際に、ここで生まれたカップルも多かったという。

　古代ローマの時代は、男女は別々に育てられるのが普通で、若い男女が出会う機会が少なかったため、この日は彼らにとって絶好のチャンスであった。この祭りはのちにキリスト教が国教化してからも続くが、5世紀頃、ローマ皇帝ゲラシウス1世は風紀の乱れを招くことを恐れて禁止する。

　その際に、若者たちからの反発をそらすために、ヴァレン

ティヌス伝説と結びつけて、この日を「愛を誓い合う日」として祝日にしたという話だ。

♛ 「ジューンブライド」はなぜ6月なのか？

　なお、ユピテルの妻「ユノー（Juno）」は英語読みでは「ジュノー」で、「6月」のJuneの基になる女神である。「6月の花嫁」の「ジューンブライド」の発想はここから生まれたものである。ヨーロッパの農村では農繁期を終えた6月から結婚を許される地域も多く、雨が少ないことから、結婚式を挙げるのに最適な季節であった。ジューンブライドの習慣は梅雨時の日本には適さないだろう。

　Juno（ユノー）の語源は、young（若い）と同じである。youngの名詞形はyouth（青春時代、若者）、形容詞形はyouthful（若々しい）。juniorは形容詞で「年下の、下位の」、名詞で「年少者、息子」、juvenileは「未成年（青少年）の」、rejuvenateは「若返らせる」となる。

　イタリアのトリノを本拠地とするサッカークラブのユヴェントスFCのJuventusは、ローマ神話で、「若者」の女神である。

迫害されたキリスト教がローマの国教に

　当初、キリスト教は下層民から広がっていったが、のちにローマ市民や富裕層にも信者が現れるようになっていく。313年にはコンスタンティヌス帝のミラノ勅令により、キリスト教は公認されるが、当時はキリスト教の教義や解釈も明確なものが定まっていなかった。

　テオドシウス帝は380年にキリスト教を国教と定め、「三位一体説（Trinity）」を唱えるアタナシウス派をキリスト教

の正統として確立させるも、この時点では偶像崇拝やミトラ教の信仰は依然として行われていた。そこで392年になり、アタナシウス派のキリスト教以外の宗教を全て禁止することで国教化されることになる。

『新約聖書』の「使徒言行録」の第1章には、イエスが十字架刑に処された28年頃の最初期のキリスト教徒は120人と記されている。米国宗教社会学者のロドニー・スタークはこの数字を基に『キリスト教徒とローマ帝国』(新教出版社)の中で、40年のキリスト教人口を1,000人と推定し、250年の時点で、1,171,356人、300年に6,299,832人、350年を過ぎた時点で33,882,008人になるというシミュレーションをしている。

ローマ帝国の総人口が仮に6,000万人だったとすると、250年では総人口の1.9%、300年では10.5%、350年では56.5%になっていたと推定される。この推定人口が正しいとすれば、テオドシウス帝がキリスト教を国教化せざるを得ない状況にあったことが理解できるだろう。

♛ 三位一体(trinity)と同系語の3がつく意外な言葉

三位一体とは、父なる神、その子イエス、聖霊は全て神の現れで、本来は一体のものであるとする教理である。trinityはラテン語で「3倍」のtrinusに由来し、数字のthree(3)、third(3番目)、thirteen(13)、thirty(30)と同じ語源である。triangle(三角形)、tricycle(三輪車)、tripod(三脚)、tertiary(第三の、三次の)、testament(証明、遺言書)などが同系語だ。『旧約聖書』はthe Old Testament、『新約聖書』はthe New Testamentというが、testamentは「立会人の第三者」が原義で、「第三者が立証したもの」から生まれた語である。

♛ クリスマスの起源

　なお、現在世界の多くの国では12月25日をイエスの降誕祭としてクリスマスを祝っているが、この日はイエスが生まれた日ではなく、イエスの生誕を祝う日である。

　なぜ、この日が選ばれたかについては諸説あるが、太陽の復活を願うミトラ祭の日に合わせたものだとする説が有力である。塩野七生氏の『ローマ人の物語』（新潮社）では、コンスタンティヌス帝の頃のキリスト教徒は人口の５％だったと記されているように、当時のキリスト教は大部分の市民たちにとっては、得体の知れない新興宗教のようなものであった。おそらく、そんな人たちの反発を避けるために、クリスマスをミトラ祭と勘違いさせようとする狙いもあったのではないかと思われる。

東西分裂後の西ローマ帝国

　その後、395年に、ローマ帝国は東西に分裂し、ローマを中心とする西ローマ帝国とコンスタンティノープル（現在のトルコ・イスタンブール）を中心とする東ローマ帝国となる。

　西ローマ帝国はゲルマン人の大移動の嵐の中で476年に滅亡する。滅亡したといっても西ローマ帝国がゲルマン人の王国に滅ぼされたわけではない。西ローマ帝国に雇われていたゲルマン人傭兵隊長であったオドアケルによって皇帝が廃位されたことで、滅亡することになった。

　ゲルマン人の移動は徐々に進んでいたが、この頃の西ローマ帝国領内ではローマ人とゲルマン人が共存しており、ゲルマン人の力を借りなければならないほど西ローマ帝国は弱体化していた。つまり、帝国内での権力争いの結果、西ロー

マ帝国は滅んだというのが実情である。

　西ローマ帝国の滅亡は形式的なもので、その後もオドアケルはイタリア王を名乗っており、西ローマ総督の地位についていたが、493年に東ローマ帝国が派遣した東ゴートのテオドリックによって滅ぼされることになる。

　西ローマ帝国滅亡後、西ヨーロッパの主役になったゲルマン人は高度なローマの文化を継承できずに、東ローマ帝国やイスラーム世界などの東の文化圏に大きく遅れをとっていた。

　一方、政治的な後見役を失ったローマ教皇グレゴリウス1世（在位590〜604）は、東ローマ帝国の庇護の下に、ローマ教皇が全司教の中で最高位であるとする「首位権」を主張し、ゲルマン人に対してキリスト教を布教する。

　しかし、文字を読むことができなかったゲルマン人に布教する際に、ローマ教会が聖像を用いたことが大きな問題を引き起こす原因となる。そもそも初期のキリスト教では聖像崇拝は禁止されており、これが東ローマ帝国皇帝レオン3世の怒りを買ってしまうのだ。

　当時、東ローマ帝国はイスラーム勢力に圧迫される状態が続いていた。イスラーム教でも聖像は厳しく禁止されていたため、聖像崇拝を理由に攻められることを恐れていたからだ。そこでレオン3世は726年に**聖像禁止令(iconoclasm)**を出すことになるが、これをきっかけに東西の教会は次第に対立を深め、1054年には完全に分離する。以降、西のローマ教会に対して、東ローマ帝国内では、東方教会またはギリシャ正教会として独自の発展を遂げることになる。

　東西分裂後の東ローマ帝国は首都をコンスタンティノープルに置き、ユスティニアヌス大帝の6世紀にゲルマン人が建てた国を滅ぼし、最盛期を迎える。

　一時、地中海世界の全域を支配下に置く時期もあったが、その後、西地中海は再びゲルマン人に支配され、ギリシャや小アジアの東地中海の地域に限定されるようになる。小アジアはアナトリアとも言われるが、現在のトルコに位置し、北は黒海、西はエーゲ海、南は地中海にはさまれた西アジア西端の半島である。

　7世紀頃からは、ギリシャ化が進み、ローマ・ギリシャ・東方の文化が融合されたビザンツ様式の文化が開花したことからビザンツ帝国と呼ばれるようになった。7世紀以降のビザンツ帝国は常にイスラーム勢力の侵入に脅かされると共に、クーデターにより何度も王朝が代わりながらも、1453年にオスマン帝国によって滅ぼされるまで、1000年以上もの間存続することになる。

　なお、ビザンツという名称はコンスタンティノープルの旧名であるギリシャ語のビュザンティオンに由来する。

　一般に、ヨーロッパにおける中世とは、西ローマ帝国が滅亡する5世紀からビザンツ帝国が滅亡する15世紀あたりまでを指すが、この間、ローマ教皇を頂点とする階層性組織を基盤にしながらローマ・カトリック教会は国家を超越する絶対的な存在となっていった。

第2章
人種と民族

白人人種はなぜコーカソイドと呼ばれるか

　黒海とカスピ海に挟まれ、ヨーロッパとアジアの境となっている地域に「コーカサス山脈（the Caucasus Mountains）」がそびえている。

　「コーカサス」はギリシャ語のkaukasis（カウカシス）に由来する名称で、古代ローマの学者大プリニウスが著わした『博物誌（Naturalis Historia）』によれば、スキタイ語で「氷のように輝く」「雪のように白い」ことを表すkroy-khasis（クロウカシス）が基になっているという。

　「白色人種」を英語で「コーカソイド（Caucasoid）」というのをご存じだろうか。この語はドイツの人類学者ブルーメンバッハ（1752〜1840年）による造語で、「Caucasus（コーカサス）＋oid（のような）」が語源である。

　「白色人種」を表す言葉になぜ、ヨーロッパのはずれの地域にあるコーカサスの名前が選ばれたのだろうか。その答えは『旧約聖書』の「創世記」にある。

　いわゆる「ノアの大洪水」の物語で、ノアの方舟が漂着したとされる山はアララト山（標高5137m）。この山はコーカサス山脈の南にあり、この地域が神によって唯一選ばれたノア一族と、その末裔たちの栄光の象徴となる場所だからである。このように、ユダヤ＝キリスト教の偏った世界観が「コーカソイド」という言葉に込められている。

♛ oid（〜のような）のつく英単語

　現在、世界の人種は、**コーカソイド（Caucasoid）・モンゴロイド（Mongoloid）・ネグロイド（Negroid）**などに分けられることが多いが、oidは「〜のような」という意味を持つ接尾辞で、**Mongoloidは「モンゴル人のような」、Negroidは「黒人のような」**という意味である。

　「アンドロイド（Android）」は、スマートフォン用に開発されたGoogle製の基本ソフトの一種。ギリシャ語で「人間（男性）のようなもの」が語源で、小文字の**androidは「人造人間」**の意味で使われる単語である。

　「星」の**star**と「星印」の**asterisk（アスタリスク）**は同系語で、**asteroidなら「星に似ているもの」**から「**小惑星**」となる。

　disaster（災害、大惨事）は、地球が幸運の星から離れた時に災害が起こるという中世の占星術から生まれた語である。

♛ weid（見る）の意味をもつ英単語

　接尾辞のoidはギリシャ語のeidos（形）・idein（見る）・eidenai（知る）が基になっているが、要は「形を見ることで知る」を表す語根であり、印欧祖語で「見る、見える」という意味のweidにさかのぼることができる。

　wise（賢明な）、wisdom（知恵、分別）、wit（機知、ウイット）、witty（機知のある）、witness（目撃者、目撃する）などはゲルマン語経由で英語に借入された単語である。

　weidはラテン語ではvidere（見る）に変化するが、ほぼ原型をとどめている英単語が**video**（ビデオ）である。

　provideは「前もって見る」が原義で、将来を見据えて「供給

する」となる。

　形はやや変わるが、view（眺め、見方、意見）、interview（インタビュー）、review（見直し、批評）、preview（試写会）、vision（視力、視野）、visible（目に見える）、invisible（目に見えない）、visit（訪問〈する〉、見物〈する〉）なども同語源である。

　その他、「遠くのものを見るもの」からtelevision（テレビ）、「私が見たところでは」からadvise（忠告する）、advice（忠告）、「再び見る」からrevise（見直す）、revision（修正、改訂版）、「上から見る」からsupervise（監督する）、「前もって（pro）見ない」からimprovise（即興で作る）なども覚えておきたい。

♛ 歴史の語源は「his + story」ではない

「歴史」の「ヒストリー（history）」の語源は「his（彼の）＋story（物語）」であると思っている方も多いと思うが、これは誤りである。

　history（歴史）はギリシャ語のhistoria（調査することで知ること）がラテン語経由で、14世紀後半に英語に借入されたもの。storyはラテン語のhistoriaが古フランス語でestorieに変化し、「過去の偉人や過去に起こった重要な出来事の物語」の意味で12世紀に英語に借入された。

　つまり、history（歴史）もstory（物語）も語源は共にweid（見る）から生まれた二重語である。

　過去に体験したことがないはずなのに、あたかも体験したことがあるように感じることを「デジャブ」とか「デジャビュ」などと言うが、この外来語はフランス語で「すでに見られた」という意味のdéjà vuに由来する。

♛ 民族(tribe) は 3 つの(tri) 部族で構成されていた
ローマ人が語源

　同一の言語・文化・歴史を共有し、互いに強い連帯感を持つ人々の集団を民族という。

　「民族」は英語でtribeだが、この語はラテン語で「tri（3つの）＋bus（存在）」を表すtribusが語源で、古代ローマ市民がラテン人・サビニ人・エトルリア人の3部族で構成されていたことに由来するという説がある。

　ローマ市民は外敵から身を守ってくれる見返りに国に対して直接税である「トリブトゥム（tributum）」を支払う義務があった。tributumとは「支払い」や「割り当て」の意味で、英語のtribute(贈り物、貢物)やtribune(護民官)などの基になっており、distribute(分配する)、contribute(貢献する)、attribute(〜のせいにする)なども同語源の単語である。

　ヨーロッパには様々な民族がいるが、一般にゲルマン系・ラテン系・スラヴ系に分けることができる。

　ゲルマン系の民族はヨーロッパの中部から北西部、ラテン系民族は地中海地方を中心とする南部、スラヴ系民族は東欧諸国を含む東部などに多く分布している。

　ヨーロッパの歴史を学ぶ上で、避けて通ることができないのが「ゲルマン人（またはゲルマン民族）の大移動」であり、彼らがどのような経路をたどったかを知ることが重要になる。そのキーワードになるのがライン川とドナウ川である。

　ライン川はスイスアルプスに源を発し、ドイツやフランスなど中部ヨーロッパを北に向かって流れ、オランダで分流して、北海に注いでいる。

　筆者は40年ほど前に初めてドイツを訪れた際に、ライン川のクルーズに参加したことがある。川岸の古城やブドウ畑の景色を楽しみながらデッキで飲んだビールの味は格別であった。

　途中、ハイネの詩で有名なローレライ（Lorelei）の岩も見ることができた。岩山にたたずむ少女（精霊）の美しい歌声に船頭たちが魅せられ、船と共に渦の中に飲み込まれてしまうという伝説がある観光スポットだ。

　ドイツの音楽家ジルヒャー作曲の『ローレライ』（1837年）は、日本では「なじかは知らねど心わびて…♪♪♪」の歌詞で始まるが、2番の歌詞から伝説の内容をうかがい知ることができる。

「うるわしおとめの　いわおに立ちて　こがねのくしとり　髪のみだれをすきつつ　口ずさぶ歌の声の　くすしき力にたまもまよう」（訳詞：近藤朔風）

「ローレライロック」は、ライン川で川幅が最も狭く、流れが速くなる急カーブであったことから船の座礁がたびたび起こる場所でもあった。

　Loreleiは中高ドイツ語のlüren（待ち伏せする）と現地ライン川地方の方言のlei（岩）が語源とされる。

　ちょっと話はそれるが、日本全国の観光地には「天竜ライン下り」「鬼怒川ライン下り」「長瀞ライン下り」など、中高

年の方々にはエキサイティングな川下りツアーがある。

　ライン川と何も関係がないのになぜこのような呼び方をするのかと昔から疑問に思っていたので調べてみると、次の説が有力であることがわかった。

　岐阜県美濃加茂市の木曽川と飛驒川の合流点から下流の犬山市までの約13kmの間は「日本ライン」と呼ばれているそうだが、その川沿いの景色がドイツのライン川に似ていることに由来し、この川を船で下ることを「ライン下り」と呼んだのが始まりだとされる。

　筆者も一昨年、愛知県犬山市を訪れ、木曽川沿いのホテルに宿泊したが、昼間の木曽川の風景は正直言って、ドイツのライン川に似ているとは到底思えなかった。

　犬山市といえば、鵜飼が有名なので夜の鵜飼ツアーに参加した。暗闇の中で火を使って演出される鵜匠と鵜のやりとりは圧巻であった。昼のツアーもあるが、幻想的な風景を楽しめる夜のツアーをお勧めしたい。

　鵜を見たのはその時が初めてで、夜に見たこともあり、大きなカラスというのが第一印象であったが、**cormorant（鵜）**の語源がラテン語のcorvus marinus（海のオオガラス）なので「なるほど！」と思った。

　「うなぎ」の語源は、鵜がうなぎを飲み込んだ時に難儀する、つまり「鵜が難儀する」ことに由来するという船頭さんの説明が面白いと思った。

　その後、調べてみると、諸説あるようで、『万葉集』にある「むなぎ」が転じて「うなぎ」になったとする説が有力そうだ。「む」は「身」、「なぎ」は「長い」、つまり「長い身」に由来とする説である。

♛ run に「流れる」意味があるのはライン川に関係

「ライン（Rhine）」はゲール語で「流れるもの」という意味のReinosが語源で、印欧祖語のrei（流れる）にさかのぼり、**run（走る、流れる）、rival（ライバル）、derive（由来する、引き出す）**などが同語源だ。

ライバル（rival）は「同じ川の水を利用する人」。river（川）は本来、「川岸」の意味で、arriveは「川岸の方へ」から「到着する」の意味になったものだ。

ラテン語系のポルトガル語で「川」を意味するrioも同じ語源である。

ブラジルの「リオ・デ・ジャネイロ（Rio de Janeiro）」は、略して「リオ（Rio）」と呼ばれる港湾都市で、「リオのカーニバル」が有名だ。

大航海時代の1502年1月1日、この地に最初に到達したポルトガル人探検隊がこの湾を「川」と勘違いし、「1月の川」という意味のポルトガル語「リオ・デ・ジャネイロ（Rio de Janeiro）」と名付けたことに由来する。英語で表せば、River of Januaryだ。

ドナウ川の源泉は、南ドイツに位置し「黒い森」という意味のシュヴァルツヴァルトにあるドナウエッシンゲンという小さな町にある。

東に向かって流れ、中欧のオーストリアや東欧のハンガリーなどの国々を通り、黒海に注ぐ国際河川である。黒い森に源を発し、黒い海に注いでいるのが面白い。

ドナウ川はハンガリーの首都ブダペストを南北に貫流している。ブダペストという名称は、川の西側エリアの「ブダ」

と東側エリアの「ペスト」に由来し、ヨーロッパで最も美しい都市の一つに数えられ、ドナウ河岸とブダ地区は1987年に世界遺産に登録されている。

　さらに、1896年に開通した地下鉄はロンドンとイスタンブールに次いで、世界で３番目に古く、現在でも当時の面影を残している１号線は2002年に世界遺産に追加登録されている。

　１号線が走る地上のアンドラーシ通りも世界遺産の一部となっており、ネオルネサンス様式の宮殿や高級邸宅などが立ち並び、散策を楽しむことができる。

　通りの突き当たりにある英雄広場も観光スポットになっている。広場の公園内には一日のんびり過ごすことができるセーチェニ温泉があり、旅の疲れを癒やすには最高のスポットである。ハンガリーは古代ローマ時代から温泉で知られるところで、現在でもヨーロッパ随一の温泉大国である。外観はどう見ても温泉とは思えない立派な宮殿のような建物で、見ているだけでも楽しい。ブダペストを訪れる際にはぜひ水着を用意したい。

宮殿のようなセイチェニ温泉と露天風呂（筆者撮影）

♛ ブダペストのブダ（Buda）の語源は「水」

　Budapestはスラヴ語の「Buda（水）＋pest（かまど）」が語源とする説が有力で、この地が太古の昔から温泉で有名であったことに関係していると思われる。

　ドナウ川は現在では北方のライン川の支流の一つであるマイン川と運河でつながっているので、北海にも通じている。「ドナウ」はドイツ語のDonau（ドーナウ）に由来する読み方で、英語名はDanubeで「ダニューブ」と発音する。

　ヨハン・シュトラウス2世（1825～1899年）作曲の『美しき青きドナウ』（1867年）は日本でも有名であるが、残念ながら現在のドナウ川は都市の下水や工場の排水などによる水質汚染のために「美しくも青くもない川」となってしまっている。

　Donauの語源は印欧祖語で「川」を表すdanuにさかのぼる。黒海周辺を流れる川の名前のドニエプル川・ドン川・ドネツ川・ドニエストル川など紛らわしい名前の川は全て同じ語源である。

♛ ハネムーンの起源はゲルマン人の結婚後1か月
　　ハチミツ酒を飲む習慣から（honey ＋ moon）

　牧畜を主な生業とするゲルマン人は狩猟や農業も行っていたが基本的には肉食であった。

　彼らが飲む酒は「ミード（mead）」と呼ばれるハチミツ酒であった。ハチミツは水に混ぜて放置していると自然に発酵しアルコールになるので、農耕が始まる以前からあった世界最古の酒だと言われている。

　一説ではクマが荒らしたハチの巣に雨水が溜まり、たまた

ま通りかかった狩人が飲んだことに始まるとも言われる。「新婚旅行」の「ハネムーン（honeymoon）」という言葉は古代ゲルマン人が結婚後30日間、ハチミツ酒を飲む習慣があったことに由来する。

つまり、「honey（ハチミツ）＋moon（月）」＝「蜜月」が語源である。

夫の家に嫁いだ花嫁の最初の仕事は1か月間家にとどまり、ハチミツを作ることであったが、ハチミツには強壮作用があり、ハチの多産にあやかるためのものでもあった。

中世のイギリスでは、honeymoonという言葉は、月の満ち欠けのように、新婚夫婦の愛情と優しさに満ちた期間もすぐに変わってしまうことを伝える警句として使われていたもので、「新婚旅行」の意味で使われるようになるのは19世紀に入ってからのことである。

honeymoonは特に政治の世界では文字通り、最初の親密な関係を表す「蜜月期間」の意味でも使われ、"The honeymoon is over.（蜜月期間は終わった）"のように、すぐに終わってしまうことを示唆する否定的ニュアンスの表現である。

♛ 花嫁の仕事がパンを焼くことから生まれた
花嫁（bride）とパン（bread）

インド・ヨーロッパ語族に属する国々では古代、花嫁の仕事はほかに、パンを焼くことと出汁を作ることであった。「花嫁」のbride、「パン」のbread、「出汁」のbrothはどれも印欧祖語のbhreu（泡立てる、グツグツ煮る、焼く）が基になっている。broil（グリルの直火で焼く）、brew（醸造する）、breed（繁殖させる）、brood（卵を抱く）、braise（蒸煮する）、

bribe(賄賂)などはゲルマン語経由で英語に入ってきた単語である。

このうち、bribeは物乞いにパンの小片を与えることが原義で、のちに役人に贈る「賄賂」の意味に変化したものであるという説があるが、一方でパンをちぎる行為のbreakに由来するという説も興味深い。

bride（花嫁）の形容詞はbridal(花嫁の)だが、この単語は「bride（花嫁）＋ ale（エール）」が語源で、花嫁とイギリスの伝統的なビールのエールの2語からなる造語であった。なお、「花婿」はbridegroomという。

夫に先立たれた女性、つまり「未亡人」はwidowというが、逆の「男やもめ」はwidowerという。このように、女性を表す名詞から男性を表す名詞が生まれるのは稀である。

👑 groom（花婿）と grooming（グルーミング）の 意外な関係

なお、「花婿」のbridegroomは単にgroomと言うこともある。日本語では「新郎新婦」の語順だが、英語では、bride and groomとなる。

groomは、元は「幼い少年」の意味で、grow(成長する)と同語源であると思われる。また、groomは、19世紀に入ってから、「馬の世話をする男性の使用人」の意味で使われるようになると、やがて動詞として「（馬に）ブラシをかける」や「（動物の）毛づくろいをする」という意味で使われるようになった。名詞形はgrooming(グルーミング)となる。

印欧祖語のbhreuはラテン語では、bはfの発音に変化し、ferment(発酵する)、fervent(熱烈な、燃え盛る)、fervor(熱

情)、fervid（熱烈な）などの英単語を作り出している。

♛ お酒の起源

　meadという単語はゲルマン祖語のmeduz、さらには印欧祖語で「ハチミツ」や「甘い飲み物」という意味の meduhにさかのぼることができる。

　meduhが基になる単語は、ゲルマン語派の国々だけでなく、ケルト語派やスラブ語派の国々、さらにギリシャ語、リトアニア語、サンスクリット語、ヒンディー語などにも見られることから、古代から様々な国々で愛飲されていたことがわかる。

　ギリシャ神話に登場する神々は不老不死の酒を飲んでいたために永久に死ぬことはなかったと信じられ、古代ギリシャ人はハチミツ酒をネクター（nectar）と呼んで愛飲していた。現在でもバルト三国の一つであるリトアニアでは、ハチミツ酒は国家遺産に登録されているほど国民に愛されているものである。

　ちなみに、某食品メーカーの商標ともなった「ネクター（nectar）」は「nec（死）＋tar（超える）」が語源で、tarは印欧祖語で「通る」「超える」という意味のtereにさかのぼる。

　時空を超えて現世に現れた神の「化身」である「アバター（avatar）」も同語源。tereは接頭辞trans（超えて、越えて）の基になり、transfer（移す、移る）、transform（変形させる）、transit（通過）、transition（推移）、translate（翻訳する）、transmit（送信する）、transport（輸送する）、trance（催眠状態）などの同系語がある。

　やや形は変わるが、through（～を通って）やthorough（完全な）のほかに、心に突き通するような感覚から「スリル、ぞく

ぞくさせる」のthrillやthrillingなども同系語である。

♛ ビールと飲み物（beverage）のルーツは同じ

やがて、人口の増加に伴ってミードの供給が追いつかず、高価なものとなったため一般市民は祭礼など特別な時以外は飲むことができなくなった。

そこで、ミードに代わってゲルマン人たちによって飲まれるようになったのがビールだ。

ゲルマン人は野牛の角で作った杯、つまり「角杯（drinking horn）」でビールを飲むことを常としおり、大酒飲みとして知られていた。一度羽目をはずすとローマの重装歩兵部隊も恐れおののくほど全く手の付けられない状態になるのが常であったようだ。

ゲルマン人の身体的な特徴としては、碧眼、金髪、長身などが挙げられる。発掘された人骨やサンダルなどの出土品から平均的な男性の身長は170cm程度であったと推定されている。

ローマ人は自分たちより20cm近く身長の高いゲルマン人が暴れまわる姿を見ただけで恐れおののいたであろうことは容易に想像できる。

ローマ人にとって、ゲルマン人とビールは得体のしれない存在だったようだ。

「ビール」は英語で、beer（ビア）、ドイツ語で、Bier（ビーア）で共にゲルマン語に由来するが、ラテン語で「飲み物」のbiberや「飲む」のbibereからの借用だと思われる。

水以外の**「飲み物」**のbeverageやスポーツ選手が識別のために胸に当てる数字や色のついた**「ビブス」**のbibも同語源だ。なお、「ビブス」の本義は「赤ちゃんのよだれかけ」の

ことだ。

👑 身長（stature）と語源が同じ英単語

　出所によりデータは異なるが、統計情報リサーチのデータによると、男性の平均身長で180cmを超えている国は全世界で18か国あるが、ドミニカ共和国以外は全てヨーロッパの国々である。

　このうち、ゲルマン系の国は、オランダの183.8cmをトップに、デンマーク、アイスランド、スウェーデン、ノルウェー、ドイツと続いている。

　「身長」はhigh（高い）の名詞形のheightで表すが、改まった場面ではstatureが使われる。語源は印欧祖語で「立つ」や「据える」を表すstaにさかのぼる。

　基本単語でいえば、stand（立つ）、stay（滞在する）、stage（舞台、段階）、station（駅、局）、status（地位）、state（国家、州）、rest（休憩）、post（柱、地位、ポスト）などがある。その他、distant（遠い）、constant（安定した）、instant（即座の）、assist（援助する）、consist（構成する）、exist（存在する）、resist（抵抗する)なども同語源である。

　なお、北欧のフィンランドもトップ18か国に含まれるが、彼らの祖先は現在のロシア西部のウラル山脈を流れるボルガ川流域から来た人たちで、フィンランド語もインド・ヨーロッパ語族とは異なるウラル語族に属する言語である。

👑 ハイボール（highball）の由来

　ちなみに、「角ハイ」といえば、サントリーのウイスキー角

瓶のハイボールのことだが、「ハイボール（highball）」は何となく和製英語っぽく思える。

　だが、これはれっきとしたアメリカ英語で、ウイスキーやバーボンなどアルコール度数の高い酒をソーダ水で割った飲み物だ。

　かつて、米国の鉄道の線路脇にはball signal（ボールシグナル）という信号機が設置されていた。

　信号機のポールに取り付けられた球体は手動で上下するが上にある時、つまりhighball signalの状態の時に列車は速度を緩めずに通過できることを知らせる合図であった。

　この通過時に、食堂車（dining car）でバーボンウイスキーのソーダ割が縦長のグラス（tall glass）に入れて客に出されていたことに由来するという。ハイボールの語源については諸説あるが、筆者が調べた限り、この説が最も有力であると確信している。

「サントリー（Suntory）」という社名は、英語っぽく聞こえるが、同社のホームページによると、「赤玉ポートワイン」の「赤玉（太陽）＝サン」と「創業者の鳥井＝トリー」が結びつき、「サントリー」となったそうだ。

　英語では語尾のory（ary／ery）は「場所」を表す名詞を作り、**factory（工場）、winery（ワイナリー）、bakery（パン屋）、library（図書館）**などはお馴染みの単語である。

♛ ゲルマニア人の語源は「騒がしい」民族

「ゲルマン人（Germanic peoples）」という言葉は、古代ローマの将軍カエサルが『ガリア戦記』の中で、ガリア北東部（現在のドイツの一地域）のゲルマニア（Germania）に住む

一部族を表したGermani（ゲルマニア人）に由来する語である。

「ガリア（Gaul）」とは、現在のフランス・ベルギー・オランダ・スイス・ドイツの一部に及ぶ地域に対するローマ人による呼称で、ユーラシア大陸に居住していた「ケルト人（Celts）」と同義である。

ガリア南部は紀元前2世紀にはローマの属州となっていたが、ガリア北部にゲルマン人が侵入したのを契機に、カエサルのガリア遠征によって、紀元前1世紀にガリア全域がローマの属州となる。

Germaniの語源は、ラテン語でもゲルマン語でもなく、ケルト語で「騒がしい」や「隣人」を表す語で、ケルト語から派生した古アイルランド語で「叫ぶ」のgarimや「隣人」のgairと同系語である。

このことから、Germani（ゲルマニア人）は自称ではなく他称であったことがわかる。

German（ドイツ人、ドイツの）という英語は当初、「ゲルマニア人」を表す語としてラテン語経由で英語に借入され、1520年代から「ドイツ人」の意味で使われるようになった。

それ以前、「ドイツ人」を表す英語はAlmain（アルメイン）やDutch（ダッチ）が一般的であった。**Dutchが「オランダ人」や「オランダの」**の意味で使われるようになるのはオランダ独立戦争後の17世紀中頃のことである。

ケルト人と塩の文化

ローマ人がガリア人と呼んでいたケルト人は、元々はライン川やドナウ川上流域の南ドイツを原住地とする騎馬民族

で、高い農耕・牧畜技術を持ち、鉄製武器と馬車を用いて、中部ヨーロッパを中心にヨーロッパ全土に広がっていった。

　特に、紀元前1200年から紀元前500年にかけてハルシュタット（Hallstatt）文化を開花させたとされる。「ケルト（Celt）」は古代ギリシャの歴史家ヘロドトスが「ゲール人」の意味で使った言葉Keltoiに由来し、ローマ人が「野蛮人」の意味で使っていた語である。カエサルのガリア遠征以来500年間、ローマ帝国の支配下に置かれたケルト人はローマ文化に従い、ケルト語も5世紀には大陸からは消滅していく。

　オーストリアのザルツブルク市の東に位置し、アルプスの峰々に囲まれる湖水地帯はザルツカンマーグートと呼ばれ、映画『サウンド・オブ・ミュージック』のロケ地としても有名な観光スポットとして知られる。

　その中で世界一美しい湖畔の街として知られているのがハルシュタット。湖の南に連なる2995mを最高峰とするダッハシュタイン山塊と共に1997年に世界遺産に登録されている。

　Hallはケルト語で「塩」、stattはゲルマン語で「場所」が語

世界一美しい湖畔の街と言われるハルシュタット湖の早朝の風景（筆者撮影）

源。

　古代以来、現在でも使用されている岩塩坑をトロッコ列車のような乗り物で巡る『インディ・ジョーンズ』さながらのツアーはとてもエキサイティングだ。

　「ザルツカンマーグート（Salzkammergut）」はドイツ語で、「塩（Salz）の領地（Kammergut）」が語源で、この地方の岩塩坑はハプスブルク帝国の直轄地だった。

　かつて岩塩は「白い黄金」と呼ばれ、この地域から諸外国へ輸出されていた。

　オーストリア「ザルツブルク（Salzburg）」の語源もドイツ語で「Salz（塩）＋burg（城、砦）」で、「塩」のsaltと同語源。

♛ サラダ、サラミ、ソース…全て塩(salt) の派生語

　saltはゲルマン祖語由来の単語であるが、salad(サラダ)、salami(サラミ)、sauce(ソース)、sausage(ソーセージ)、salsa(サルサ＝主にチリソース)などラテン語由来の単語と印欧祖語のsal（塩）でつながっている。

　「給料の」のsalary(サラリー)もラテン語由来で、かつてローマの兵士たちが給料の代わりに塩をもらっていたからだと言われるが、これを立証する文献は残されていない。

　この時代にはすでに金貨や銀貨などの貨幣が使用されているので、おそらく、塩を買うために与えられた賃金に由来する語と考えるのが妥当であろう。

♛ ブリテン島の意味

　大陸を出たケルト人はブリテン島に移住していたが、ブリ

テン島は紀元前1世紀中頃のカエサルによる侵攻からローマ人の進出が始まり、43年にはローマ帝国の属州ブリタニア（Britania）となる。

「ブリテン島」のBritainはローマ人による「刺青をした民族」という意味のBritaniに由来する。

　現在、**Briton**といえば「英国人」のことだが、歴史の中で語られるBritonはローマに侵略された頃の「ケルト人」を指す言葉となる。

　ブリテン島はローマ化が進み、被支配階級のケルト人が話すケルト語と支配階級であるローマ人が話すラテン語が共存していくことになる。

　しかしながら、ローマ帝国が衰えを見せ始めた5世紀頃に、ゲルマン人の一派であるアングロ・サクソン人が侵入したことで、ケルト人はスコットランド、ウェールズ、アイルランド、コーンウォールなどの地方に追いやられることになる。

　ケルト語から派生した「ゲール語（Gaelic）」はスコットランドでは死語になりつつあるが、アイルランドでは、英語と共に公用語となっており、ケルト文化が引き継がれている。

👑 ハロウィーンにお菓子が配られる理由

　ケルトの風習で日本にも馴染み深い行事がある。10月31日の「ハロウィーン（Halloween）」の起源は、ケルト人が秋の収穫を祝っていた「サウィン祭（Samhain）」にあり、語源はゲール語で「夏の終わり（summer's end）」。古代ケルト暦では10月31日は一年の終わりの日、つまり大晦日のことで、この日に祖先の霊が家族に会いに戻ってくると信じられていた。

日本でいえば、お盆と秋の収穫祭と大晦日がいっぺんにくるような日である。

　祖先の霊と共に、悪霊もやってくると考えられており、その悪霊に自分が人間であることを悟られないように、火を焚いたり、仮装をして身を守ったと言われる。

　中世のカトリックでは11月1日を「諸聖人の日＝All Saints'Day（万聖節）」として祝っていたが、この両日が結び付けられて、Halloweenの習慣となっていった。

　特にアメリカでは、宗教的な色彩が薄れて、子供や大人が仮装をして楽しむイベントになり、日本に初めて伝わったのは東京の原宿で、1970年代の頃であった。

　アメリカでは、魔女やゾンビなどに仮装した子供たちが"Trick or Treat"と声をかけながら近所の家々を回り、大人たちは"Happy Halloween"や"Treat"と呼応しながらチョコレートやキャンディーなどのお菓子をあげるのが習わしとなっている。

　Trickは「いたずら」「悪ふざけ」、Treatは「ご馳走」「もてなし」の意味。その起源は古代ケルトの「ソウリング（souling）」という死者の霊を弔うための儀式にあると言われる。

　中世イングランドでは、地獄と天国の間にある煉獄で苦しんでいる祖先の魂に祈りを捧げるために家々を訪れた貧しい人たちや子供たちに「ソウルケーキ（soul cake）」と呼ばれる菓子が配られていた習慣に由来するとも言われる。

♛ ハロウィーンの語源は「All（全ての）＋ Hallow（聖人）＋ Even（前夜）」

　Halloweenは、All Hallow's Evenが語源で、「All（全ての）＋Hallow（聖人）＋Even（前夜）」のこと。**hallow（聖人）**と

同語源の語に、health（健康）、healthy（健康な）、heal（治る、癒やす）、holy（神聖な）、holiday（祝日）などがある。

ゲルマン人の大移動に関わった諸民族

「ゲルマン人（Germanic peoples）」の起源については明らかではないが、言語学的な観点から考察すると、インド・ヨーロッパ語族に属し、英語・ドイツ語・オランダ語・ノルウェー語・デンマーク語・スウェーデン語・アイスランド語などの共通の祖先となるゲルマン語派に属する民族集団である。

　原住地はバルト海沿岸地方で、スカンジナビア半島南部から、ユトランド半島、北部ドイツ地域に及ぶ地域であった。

　紀元前1世紀頃から先住民のケルト人を圧迫しながら、ライン川やドナウ川を西進するが、東方の遊牧騎馬民族であるフン人に圧迫され、4世紀末に大規模な移動を開始し、ローマ帝国領内に侵入しながらフランク王国などの諸国家を建設していった。いわゆる「ゲルマン人の大移動」である。

　この大移動に関わるゲルマン人は東ゴート人、西ゴート人、ヴァンダル人、ブルグンド人、フランク人、アングロ＝サクソン人、ランゴバルド人などであった。

♛ 東ゴート人と西ゴート人

　4世紀頃、ローマ帝国の辺境であるドナウ川の北側にはゲルマン人の一派である東ゴート人と西ゴート人が住んでいたが、中央アジアから西進してきた遊牧騎馬民族のフン人が、370年頃に東ゴート人の居住地に侵攻して支配下に置き、さらに、西ゴートもフン人の圧迫を受けて、376年にドナウ川を越えてローマ帝国領内への移住を余儀なくされる。

ローマ帝国の領域に入ることは彼らにとっては危険な行為であったが、フン人の存在はそれ以上に脅威を与えるものであった。これが、いわゆる「ゲルマン人の大移動」の始まりである。

　西ゴート人はガリア南部（現在の南フランス）を支配したのち、イベリア半島北部を支配し、418年に西ゴート王国を建国する。

　その後、5世紀の終わり頃にはフランク王国によってガリア南部を奪われ、支配の地域がイベリア半島だけとなるが、507年に首都をトレドに定め、以降、トレドはキリスト教文化の中心地となる。

　だが711年にジブラルタル海峡を渡ってきたイスラームによって滅ぼされる。その後のイベリア半島の情勢については、次章「イベリア半島のレコンキスタ」で詳解したい。

　東ゴート人が370年頃、フン人の支配下に置かれたことは前述の通りである。その後、フン人は5世紀前半にアッティラ大王に率いられてパンノニア（現在のハンガリー）を中心に現在のドイツやポーランド辺りにフン帝国を建国し、一時期、東西ローマ帝国に対峙するも、大王の急死後間もなく滅亡する。フン帝国の滅亡に乗じて、東ゴート人はパンノニアに移住する。

　東ローマ帝国の要請を受けたテオドリックは東ゴート人を率いてイタリアに侵入、493年に西ローマ帝国を滅ぼし、東ゴート王国を建国したことは第1章の既習事項だ。

　征服者であるゲルマン人はローマ人に比べると少数で、ローマの高い文化を尊重し、ローマ人にはローマ法を、ゲルマン人にはゲルマン法を適用する分離統治を行っていたが、

555年に東ローマ帝国の皇帝ユスティニアヌスによって滅ぼされる。

♛ ゴシック書体はゴート人への蔑称由来

「ゴート人」は英語ではthe GothsまたはGothic peoplesというが、「ゴート風の」という形容詞Gothicには、何世紀にもわたってローマ帝国やローマ人を悩ませていたことから、「野蛮で教養のない」という意味が込められている。中世の教会に代表される建築様式の「ゴシック建築」や、活字フォントの「ゴシック書体」も本来は軽蔑的な意味が込められていた語であった。

♛ アンダルシアの語源となったヴァンダル人

「ヴァンダル人」は元々はスカンジナビア半島を故地とし、紀元前後からバルト海を渡り、現在のドイツとポーランド国境地帯のオーデル川流域に居住していた。

Vandalはローマ人の命名によるもので、ゲルマン祖語の「放浪者」が語源で、その名の通り放浪の民として長い旅に出る。まずは、フン人に圧迫されて406年に移動を開始し、ライン川を越えて、ガリア（現在のフランス）を破壊しながら、409年にはピレネー山脈を越え、イベリア半島南部のアンダルシアとガリシアに定住する。

現在、グラナダを含めて、コルドバ・セビリア・マラガ一帯のスペイン南部は「アンダルシア（Andalusia）」と呼ばれるが、語源は「ヴァンダル人の国」である。

その後、イベリア半島に侵入してきた同じゲルマン人の一部族である西ゴート人に圧迫され、ジブラルタル海峡を渡っ

て北アフリカのカルタゴ（フェニキア人が建設した古代植民都市）の故地で、現在のチュニジア辺りにヴァンダル王国を建国する。

その後、ガイセリック王に率いられた軍勢が455年にローマを占領したことで、西ローマ帝国は滅亡を早めることになる。

♛ ヴァンダル人の野蛮な行為から生まれた英単語

ヴァンダル人（the Vandals）は、ガリアやローマを破壊した野蛮な行為から、vandal（心なき破壊者、野蛮な）、vandalism（芸術作品や公共物の破壊）、vandalize（破壊する)など不名誉な単語を残している。

ヴァンダル王国は、さらにシチリア島やサルジニア島も占領するが、534年にビザンツ帝国のユスティニアヌス帝が派遣した将軍ベリサリウスに滅ぼされる。

♛ ワインの産地ブルゴーニュの名に残るブルグンド人

ブルグンド人はヴァンダル人と同様、スカンジナビア半島を故地とし、300年前後からマイン川両岸に居住していたが、406年にライン川を越えガリアに侵入し、当初はライン川中流域に定住するも、フン人に圧迫されたことで南下し、443年にガリア東南部ローヌ川流域にブルグンド王国を建国する。

その後、534年に同じゲルマン人の一部族であるフランク人が建てたフランク王国に征服される。ブルグンドという名称はワインの産地で有名な「ブルゴーニュ（Bourgogne）」地方に残っている。英語名はBurgundy（バーガンディーと発音する）で、ラテン語の「高地人」に由来する。

ブルゴーニュ地方の中央高地の東側に広がる斜面がブド

ウの栽培に非常に適していることからワインの産地として
知られるようになった。

👑 長いあごひげ(Long beards) を意味するランゴバルド人

ランゴバルド人はスカンジナビア半島を故地とし、現ドイ
ツのエルベ川とライン川の間に居住していたが、ドナウ川に
沿って移動しながら、ビザンツ帝国の領内のパンノニア（現
在のハンガリー）に移住し、ユスティニアヌス大帝に協力し
て、東ゴート王国を滅亡させる。

大帝の死後、イタリアに侵攻し、パヴィアを都として、568
年にランゴバルド王国を建国する。

これにより、イタリアの古代が終わり、中世の始まりとさ
れる。774年にフランク王国のカール大帝に滅ぼされるが、
現在、この地はロンバルジア（Lombardia）として名を残し
ている。

英語では「ロンバルジア」はLombardy、「ロンバルジアの
住人」はLombardとなるが、語源はLong beards（長いあご
ひげ）である。**「理容師」**のbarberも同語源で、**「あごひげ
(beard)を剃る人」**に由来する。

ランゴバルド人の侵攻から逃れた人々はアドリア海のラ
グーンの島にヴェネツィアを建設したと言われる。
「ラグーン（lagoon）」はイタリア語で「池」や「湖」の
laguna（ラグーナ）に由来する語で、「湖」のlakeと同語源で
ある。

ヴェネツィアの街には「カナル・グランデ」と呼ばれる**大
運河(grand canal)**があり、そこから毛細血管のように運河
が広がっている。

ヴェネツィアといえば、運河にかかる橋・ゴンドラ・カンツォーネを歌う船頭さんを連想させる。

　筆者がヴェネツィアを訪れたのは世界遺産に登録される4年前の1983年であったが、どこも観光客でいっぱいであった。

　元々、埋立地であるため地盤沈下が永遠の問題になっているが、それだけではない。

　近年の気候変動が引き起こす異常潮位現象も深刻な問題である。この異常潮位現象はイタリア語で「アクア・アルタ（acqua alta＝高い水）」という。

　イタリア政府は、この問題に対処するために、島の3か所に、巨大な可動式水門を設置。街を洪水から守るモーゼプロジェクトが既に始まっている。

　最大3mまでの潮位変化に対応できるそうだ。『旧約聖書』「出エジプト記」で、エジプト軍に追われたモーセが紅海の海岸で、杖をかざすと海が2つに割れ、その間にできた道を通ってアラビア半島にたどり着いたという伝説に由来するモーゼプロジェクトだ。

♛ canal（運河）とchannel（海峡）は同語源

　「運河」の英語canalは、ラテン語の「水を通すパイプや「溝」を表すcanalisが基になっており、15世紀初頭にフランス語経由で英語に借入された単語である。一方、canalisは、その約1世紀前に古フランス語経由で**「海峡」を指す**channelとして英語に借入されている。

　このように、語源は同じであるのに、途中で意味が変化して英語になったものは二重語（doublet）と呼ばれる。

　ラテン語のcanalis は同じラテン語の「葦(あし)」を意味する

cannaから生まれた語で、竹やサトウキビなどの「茎」の
caneが語源。「大砲」のcannonは、大砲の筒を「管」や「チ
ューブ」にたとえたものと推測される。canyon（深い渓谷）
やcaramel（キャラメル）も同系語で、「キャラメル」の語源は
「canna（茎）＋mel（蜂蜜）」である。

　最近、フランス生まれのお洒落な焼き菓子のカヌレが人気
だが、「カヌレ（cannele）」はフランス語で「溝のついた」と
いう意味で、canalやchannelと同語源である。

♛ アクアリウムは「家畜の水飲み場」

　ラテン語で「水」はaqua（アクア）という。aquariumは本
来は「家畜の水飲み場」の意味であったが、「水族館」や「水
槽」の意味で英語に借入されたのは19世紀中頃になってから
のことだ。

　コカ・コーラ社のスポーツドリンク「アクエリアス
（Aquarius）」は、英語で星座の「みずがめ座」のことである。

♛ 島(island) と血糖値を下げるインスリンは同語源

　「島」のislandは土着語のアングロ・サクソン語で「akwa
（水の）の中にあるland（土地）」から生まれた語であり、
insular(島の)はラテン語のinsula（島）から英語に借入され
た語である。

　isle（アイルと発音する）は「小島」、peninsulaは「pen（ほと
んど）＋insula（島）」から「半島」となる。

　血糖値を下げる働きをするホルモンの「インスリン
（insulin）」は膵臓のランゲルハンス島で分泌されることに
由来する。

　insulinの語尾のinは、aspirin（アスピリン）やprotein（プロ

テイン＝タンパク質）のように「（化学）物質」を表す接尾辞である。

👑 「ヨーロッパの父」カール大帝はなぜ
##　 シャルルマーニュと呼ばれるのか

ライン川の東岸にいたフランク人もゲルマン人の一派で、5世紀に北ガリア（現在の北フランス）に侵入し、481年にフランク王国を建国する。

ここからメロヴィング朝による支配が始まるが、フランク人はアタナシウス派と呼ばれる正統派キリスト教への改宗を通して、ローマ・カトリック教会との関係を深めながら急速に勢力を増していき、のちのカロリング朝が始まる751年まで続くことになる。

フランク王国の全盛期はカール大帝の時代で、800年にはローマ教皇レオ3世からローマ帝国皇帝の冠を授けられ、キリスト教的ゲルマン統一国家として、西ヨーロッパのほぼ全域を制圧し、「ヨーロッパの父」と呼ばれる。

カール大帝の死後、843年に中部フランク・西フランク（843〜987年）・東フランク（843〜911年）の3つに分裂し、870年には、中部フランクの一部が東西フランクに割譲される。これがのちのイタリア・フランス・ドイツの原型になる。

なお、カール大帝の「カール（Karl）」はドイツ語による名前で、フランス語では「シャルル（Charle）」や「シャルルマーニュ（Charlemagne）」、スペイン語では「カルロス（Carlos）」、英語では「チャールズ（Charles）」となる。

👑 フランスはフランク人が武器に使った投げ槍に由来

西フランク王国はカール2世（シャルル2世）が継承し、

のちのフランスの原型となる。

「フランス」という国名は「フランク人（the Franks）」によるが、ゲルマン語源で、彼らが武器として好んで使用していた「投槍」に由来する。

ゲルマン人による支配が続くフランスの言語がゲルマン系ではなくラテン系であるのは、ライン川より西のガリア地域は元々、ローマ帝国の領内にあったからである。

支配層であるゲルマン人の人口は少なく、ほとんどの人たちがラテン語の口語である古フランスを使っていたのだ。

👑 自由人だったフランク人から生まれた frank（率直な）

フランク人が自由民であったことから、小文字でfrankと表記すれば「率直な」となる。

「フランチャイズ（franchise）」とは会社が個人や他の会社に与える「自由に販売する権利」や「自由に営業する権利」のことで、franchiseは「自由にさせる」が原義だ。

固有名詞のFrancis（フランシス）は「自由で高貴な」、Franklinは「槍を持つ人」や「自由民」、米国西海岸のサンフランシスコ（San Francisco）はキリスト教のフランシスコ修道会創始者「聖フランシスコ」の名前に由来する地名である。

ライン川の支流であるマイン川の北岸にあるドイツの国際都市「フランクフルト（Frankfurt）」はフランク人に由来する。

カール大帝の頃、隣国アレマン族との戦争の際にザクセンを追われたフランク人がマイン川に行き当たり、行く手を塞がれ窮地に陥っていた。

その時、1頭の鹿が川を渡っているのを見て、浅瀬がある

ことを知り、そこを渡って難を逃れたという伝説に由来する地名である。

つまり、Frankfurtの語源は「フランク人が渡る浅瀬（furt）」だ。

現在でもドイツ語では、フランスのことを「フランク帝国」という意味の「フランクライヒ（Frankreich）」と呼ぶのに対して、フランス語ではドイツを指して「アレマン族の国」から「アルマーニュ（Allemagne）」と言うのが興味深い。

東フランク王国は、911年にカロリング王朝が絶え、919年にザクセン人のハインリヒ１世が諸侯によって東フランク王に選出され、フランク人の王統が途絶えてしまう。これによって東フランク王国はドイツへと変わっていく。

ハインリヒ１世の息子オットー１世は962年に、ローマ帝国皇帝の冠を授けられ、初代神聖ローマ帝国の皇帝になる。実質的にはドイツ王が神聖ローマ皇帝を兼ねることになった。

皇帝はカトリックの中心地であるイタリアを支配下に置いて、ローマで戴冠することを目指していたので、皇帝自身はドイツ本土にいない状態が続いた。

その結果、次第に有力諸侯が自立化して「ラント」と呼ばれる「領邦」が形成され、諸侯の領土が独立国のような存在となり、皇帝の支配がほとんど及ばない状態になっていった。

そこで皇帝は、教会の聖職者の任免権を持つことで諸侯に対抗しようとするが、ハインリッヒ４世の時に、聖職叙任権を巡ってローマ教皇グレゴリウス７世と対立するも、ローマ教会から破門されてしまうことになる。

のちにハインリッヒはカノッサ城に滞在していた教皇に

許しを請い、雪の降る城の門で3日間断食と祈りを続けた結果、ようやく破門を解かれた。

いわゆる「カノッサの屈辱（1077年）」である。

これによって、皇帝よりも教皇の力の方が上であることが証明され、その後1254年〜1273年までの約20年間、ドイツ人が帝位につかない「大空位時代」と呼ばれる期間が続く。

「大空位時代(Interregnum)」とは本来、王政ローマ時代に、王の死後、後継者が決まるまでの期間、「中間王(Interrex)」が任命されて統治する政治体制を表す言葉であった。そこで、諸侯たちは新たな皇帝を選挙で選出することになる。

♛ ハンガリーとブルガリアの語源

ここまで、たびたび登場したパンノニアについてまとめておこう。パンノニアは現在はハンガリーと呼ばれている。

Hungary（ハンガリー）の語源は、「フン人（the Huns）の土地」であるが、現在のハンガリー人の祖先はフン人ではなく、9世紀に西進してきたウラル系遊牧騎馬民族のマジャール人である。

マジャール人（the Magyars）の原住地はウラル山脈の南西部であったと考えられている。6世紀頃に黒海北部でブルガール人と接触しながら9世紀にパンノニアの地に入り、10世紀には東フランクをはじめとする西ヨーロッパへの略奪遠征を繰り返すも、955年に東フランク・ザクセン朝のハインリヒ1世の子オットー1世とのレヒフェルトの戦いに破れ、パンノニアに戻ることを余儀なくされる。

その後、1000年に、イシュトヴァン1世の時にハンガリー王国を成立させる。

ちなみに、ヨーロッパの国でインド・ヨーロッパ語族に属さない言語にはハンガリー語、フィンランド語（語源は「湖沼の国」）、エストニア語、バスク語、マルタ語などがある。

　なお、ブルガール人は黒海とカスピ海の間に横たわるコーカサス山脈北部の草原地域に暮らすトルコ系の遊牧民であったが、4世紀後半頃、フン人に圧迫されて西に追われ、7世紀頃に黒海の北岸に国家を建設するも、さらにハザール人に圧迫されてドナウ川を渡り、先住の南スラブ人と同化しながらブルガリア王国を建国する。

　これが今日、日本ではヨーグルトで知られるブルガリア共和国の基になる。

　Bulgaria（ブルガリア）はラテン語で「ボルガ川から来た人」が語源で、彼らが6世紀頃まで暮らしていたボルガの川岸に由来するという説と、彼らがトルコ系とスラブ系のミックスであることからアルタイ語族に属するチュルク諸語で「混合の」を表すbulgaに由来するという説がある。

👑 ヨーグルトはトルコ語の「濃厚にする」に由来

　チュルク諸語の代表的な言語がトルコ語である。**yogurt（ヨーグルト）**は「ヨウガート」と発音し、英語っぽくない発音をするが、これはトルコ語で「濃縮する」「濃厚にする」という意味のyogurtをそのまま英語に借入したものだ。

　トルコ語のyogurtのgは軟音で、発音は英語のwの音に近く、「ヨウルト」のように聞こえる。

👑 英語（English）は「アングル人の話す言語」

　アングロ・サクソン人とは、ユトランド半島とドイツ北岸

のエルベ川下流域に居住していた、アングル人・サクソン人・ジュート人のゲルマン系3部族の総称。彼らは5世紀の中頃に、ブリテン島に侵攻し、先住民のケルト系ブリトン人を征服した。

　アングル人という名称は、彼らが住むユトランド半島の海岸線沿いの地形が「釣り針（古英語でangel）」に似ていたことに由来し、「アングル人の住む土地」から「イングランド（England）」という国名が生まれた。

　「英語」のEnglish（イングリッシュ）も「アングル人の話す言語」が語源だ。

　一般に、英語の歴史はアングロ・サクソン人が話していた言語から始まる。サクソン人（the Saxons）の語源は「ナイフを持った兵士」で、彼らが戦闘的な民族であったことを示唆する語、ジュート人（the Jutes）は「ユトランド（Jutland）の住人」に由来する語である。

　サクソン（Saxon）はドイツ語のザクセン（Sachsen）が訛った語であるが、ドイツ北岸のエルベ川下流域からホルシュタイン（Holstein）一帯に居住していた。

　ホルシュタインはドイツ語読みだが、英語なら「ホルスタイン」で、日本でも家畜牛の一種で、乳量が多く代表的な乳牛として知られる。

　語源はドイツ語の「森の住人」に由来する。ブリテン島には渡らずに、大陸に残ったザクセン人は6世紀初めにライン川一帯に勢力を広め、9世紀初めにフランク王国のカール大帝に征服されてサクソニアと呼ばれるようになり、ローマ・カトリックに改宗する。

　844年、リウドルフィンガー家のリウドルフがザクセン諸

部族をまとめてザクセン公となり、フランク王国内で力を持ち、919年にハインリヒ1世は東フランク王となってザクセン朝を開き、その息子が962年に西ローマ皇帝の称号を授けられ、初代の神聖ローマ皇帝オットー1世となるのは前述の通りだ。

♛ アングル（角）と釣り人の意外な関係

「アングル（angle）」とは「角度」や「角」のことだが、EnglandやEnglishと共に、印欧祖語で「角」や「曲げる」という意味のang／ankが語源だ。angleには、曲がった釣り針の連想から、動詞で「釣りをする」の意味があり、「釣り人」はanglerだ。

また、頭に突き出たアンテナのような竿に付いた疑似餌で魚をおびき寄せ捕食する深海魚の「アンコウ」がangler fishだ。triangleは「3つの角」から「三角形」、quadrangleなら「四角形」、rectangleなら「rect（まっすぐな）角」から「長方形」となる。

ankleは「曲がったもの」から「足首」、ankletは「ankle（足首）＋et（小さいもの）」から「アンクレット＝足首の飾り」、anchorは「曲がったもの」から「錨」となる。

米国アラスカ州南部にある湾岸都市「アンカレッジ（Anchorage）」のAを小文字にしたanchorageは「錨を降ろす行為」から「停泊港」。

anchorにはリレーの「最終走者」や「頼みの綱」の意味もあり、取材してきたニュース素材をもとに、最終的にまとめて仕上げる人がanchorman（ニュースキャスター）だ。

中生代白亜紀に生息していたとされる草食恐竜の「アンキロサウルス（ankylosaur）」は、皮膚から発達した硬い甲

胃^{ちゅう}のような装甲を持ち、その上に突き出たたくさんの角を使って身を守る恐竜で、語源は「角を持ったトカゲ（saurus）」だ。

♛ サクソンの語源「切る」から派生した英単語

「サクソン（Saxon）」は印欧祖語で「切る」という意味のsekにさかのぼり、sect / section / sector / segment / insect / intersection / skin / sawなどが同系語である。

sectは「派閥、分派」、section（部分、部門）、sector（分野、部門）、segment（区分、階層）は皆、切り取られたイメージで、insectは、中に切り込みのある「昆虫」、intersectionは、間を切る「交差点」。

skinは、動物から切り離されたものから「皮、皮革」が原義で、「皮膚、肌」などに、「のこぎり」のsawも同語源である。

アングロ・サクソン人はブリテン島の先住民のケルト人を征服しながら、島内の各地に定住していくが、たくさんの小国家群を形成し、互いに争いながらも、7世紀に7つの王国が成立する。

エセックス（Essex）・サセックス（Sussex）・ウェセックス（Wessex）・イースト＝アングリア（East Anglia）・マーシア（Mercia）・ノーサンブリア（Northumbria）・ケント（Kent）の7つの王国で、「七王国＝ヘプターキー（Heptarchy）」と呼ばれる。Heptarchyはギリシャ語で「Hepta（7つの）＋archy（支配）」が語源で、「7」はラテン語ではseptem、英語ではsevenとなる。

♛「7番目の月」を意味するSeptemberがなぜ「9月」?

　September（9月）の本来の意味は「7番目の月」で、かつてローマ暦には現在の1月と2月に名前がなく、3月から始まっていたことに由来することは第1章の既習事項だ。

　つまり、3月から7番目に来るのが9月だ。七王国のうち、Essex、Sussex、Wessexの三王国はサクソン人が島の南部に造った国で、順にEast Saxons、South Saxons、West Saxonsが語源で、EssexとSussexの地名は現在でも残っている。

　East Anglia、Mercia、Northumbriaの三王国はアングル人が中部から北部に、Kentはジュート人が南東部に造った国である。

　829年に、ウェセックス王エグバートがイングランド王国を成立させるも、全域を支配したわけではなく、不安定な状態が続いていた。

　ちなみに、ケント州には英国詩人のジェフリー・チョーサーが14世紀末に書いた『カンタベリー物語（The Canterbury Tales）』の舞台となったカンタベリー大聖堂がある。外交官としてイタリアに赴任していたチョーサーが、ボッカチオの『デカメロン（十日物語）』に影響を受けて書き上げた、巡礼に向かう、あらゆる階層の人々から成る29人の一行が、退屈しのぎに順番に話をしていく形式の物語だ。Canterburyの語源は「ケント州の住人のための城塞都市」の意味だ。**Tales（物語）**は、動詞tell（伝える）の名詞形だ。

♛ 海賊のヴァイキングと村(village)、大邸宅(villa) の関係

　4世紀から6世紀に及ぶゲルマン人の大移動の際に、スカンジナビア半島やユトランド半島など北ヨーロッパにとどまっていたゲルマン人がいた。それが、「North man（北の

人）」を意味する「ノルマン人（the Normans）」である。

氷河に削り取られた痩せた土地は農業に適さず、主に狩猟、牧畜、漁労に従事していたが、造船術や航海術に長けた民族であった。8世紀頃から徐々に人口が増え始め、8世紀末から11世紀にかけて、交易路開拓のために海上に進出し、移住する者も多くいた。この間の彼らの移動は「第二次民族大移動」と呼ばれる。

彼らは海賊行為を伴う交易をしばしば行い、ヨーロッパ各地に来襲。甚大な被害をもたらし、ヴァイキング（Viking）の名で恐れられていた。以下に示すノルマン人はイコール、ヴァイキングに置き換えてもよい。

Vikingの語源については、有力な説が2つある。一つは、古ノルド語（Old Norse）で「vik（入り江・湾・フィヨルド）に住む人々」という意味のvikingrに由来するという説。「フィヨルド」は、氷河による浸食作用によって形成されたもので、急な斜面や崖のある長く狭い入り江のことである。英語のfjord（フィヨードと発音する）はノルウェー語のfiord（入り江）が基になっている。

860年頃、彼らはアイスランド（Iceland）」にも侵入し、入植を開始。さらにその20年後にはグリーンランドへの植民も開始している。

アイスランドの首都「レイキャヴィーク（Reykjavik）」は「reek（煙・蒸気）＋vik（入り江・湾）」が語源で、島に上陸した時に、地面から煙が出ていたことから、こう名づけられたと言われる。アイスランドは、火山と氷河の島国として知られるが、地面から出ていた煙とは温泉の湯煙のことだろう。

もう一つは、アングロ・サクソン語で「村」や「野営」という意味の wicingにさかのぼり、「野営する人々」に由来するという説。ヴァイキングが敵地を襲う際に、一時的にテントを張って野営する習慣があったというのが根拠になっている。

　世界史の教科書などでは「入り江に住む人々」という説明をよく見るが、文献的には前者に比べて後者の方が300年も前にさかのぼることができることを考えると、後者の「野営する人々」説の方に分があると筆者は考えている。

　「村」のvillageはラテン語で「農家」や「田舎の家」を表すvilla（ヴィラ）と「集合体」を表す接尾辞ageが語源で、Vikingと同系語となる。

　villaが「大邸宅」の意味を持つようになるのは17世紀に入ってからのこと。vicinityは村に近いことから「近所」、villainは都市に住む者が村に住む者に対する差別意識から「悪人、悪役」の意味になる。

　グリニッジ天文台があるGreenwichは「緑の村」、イングランド東部のNorwich（ノリッジ）は「北の村」、イングランド中部のWarwick（ウォリック）は「ダムのある村」、ロンドン南の国際空港Gatwick（ギャトウィック）は「ヤギの村」のように、地名の接尾辞的に使われるwichやwickも「村」という意味である。

　米国テネシー州の州都ナッシュビル（Nashville）は独立戦争時の総司令官フランシス・ナッシュ（Francis Nash）、つまり「ナッシュの村」に由来するが、接尾辞的に使うville（村）は主に19世紀半ば以降に米国の都市名に使われるようになる。

♛ デンマークはデーン人の境界(mark)

　9世紀頃から、ノルマン人の一派であるデーン人(the Danes)によるブリテン島への侵攻が開始。9世紀中頃にはロンドンも制圧され、866年にはデーン人の法(Danelaw)によって、その支配はイングランドのほぼ全域に及んでいた。

　現在、**Dane**は「デンマーク人」のことで、国名は「デーン人の境界(mark)」が原義の**Denmark(デンマーク)**、形容詞形の**Danish**は「デンマークの」、パイ風の菓子パンの「**デニッシュパン**」はDanish pastryという。

　886年にウェセックス王アルフレッドはロンドンを奪回し、イングランド北東部一帯の地域におけるデーン人の支配を認めることで、それ以上の進出を制限した。イングランド北東部にあり、競馬で有名なDerby(ダービー)やラグビー発祥の地Rugbyなどのほか、Whitby(ホイットビー)、Selby(セルビー)など、byで終わる地名はデーン人の言語である古ノルド語で「村」や「農場」に由来する。

　Derby(ダービー)は「鹿(deer)の村」、Rugby(ラグビー)は、Hroca(ホロッカ)と呼ばれる男性の名にちなんだ要塞に由来するが、古英語のhroc(ミヤマガラス)が基になっていると考えられる。

　Whitby(ホイットビー)は「白い村」、Selby(セルビー)は「ヤナギの村」が語源で、共にヨーク(York)に比較的近いところにある街である。イングランド北部に位置するヨークはローマの属州であったブリタニアの時代にはエボラクムという要塞であった。

　7世紀のヨークは、アングロ・サクソン人が建国した七王

ヨークの街並み（筆者撮影）

国の一つ「ノーサンブリア（Northumbria）」の王エドウィンの居住した主要都市でもあった。

　現在でも中世の面影を残す風光明媚な街で、街を囲む城壁の上を歩いて一周することができる。

　11世紀に入ると、イングランドは再びデーン人の侵攻を受けることになる。

　ウェセックス家出身のイングランド王エゼルレッド2世はデーン人のデンマーク王スヴェンが1013年にイングランドに来襲すると、イングランドを放棄して、妻エマの実家であるノルマンディーに亡命してしまう。

　これにより、スヴェンがイングランド国王と認められるが、国王に即位してから1か月後に急死してしまう。これを聞いたエゼルレッド2世はイングランドに戻り復位するも、無思慮王とも言われた彼には権力も信頼もないまま1016年に

亡くなる。

　この状況を見たスヴェンの息子クヌートは軍勢を率いてイングランドに来襲し、クヌート1世としてイングランド王に即位する。彼はデンマーク王とノルウェー王にもなり、北海帝国を築く。

　だが、1035年にクヌート1世が亡くなると、北海帝国の勢力を維持することが困難になり、急速に衰退し始め、イングランドでもアングロ・サクソン独立の運動が起こっていた。

　そのような状況の1042年に、エゼルレッド2世の子であるサクソン人エドワードが王に即位し、アングロ・サクソン人の王朝が復活することになる。

　エドワードはエゼルレッド2世がノルマンディーに亡命した際に妻エマとの間に生まれた子で、25年間ノルマンディーにいたため、フランス語しか話せなかった。また、彼は懺悔王とも呼ばれたように、政治には関心がなく、生涯をキリスト教の信仰に捧げていたので、イングランドの人々は王にはふさわしくないと思っていた。

　1066年にエドワードが亡くなると、エドワードの義理の兄であるハロルド2世が国民の期待を背負って王位に就く。しかし、ノルマンディー公ギヨーム2世はエドワードの母親と親類関係にあり、エドワードとは子供の頃から仲がよく、イングランドの次の国王をギヨーム2世に約束していたのだ。

　ギヨーム2世はローマ教皇や神聖ローマ皇帝から許可を得て、ドーバー海峡を渡り、イングランド王国に侵入し、ヘイスティングズの戦い（the Battle of Hastings）でハロルド2世を討ち、イングランド王ウイリアム1世として、ノルマン朝を開くことになった。

♛ フランス語の影響を受けた英単語が多い理由

　1066年の出来事は「ノルマン・コンクエスト（Norman Conquest）」と呼ばれ、以降、300年に渡って、イングランドの公用語はフランス語になり、公文書などは全てラテン語で書かれていた。ただし、公用語化と言っても、フランス語を話す人は上層階級の人たちのみで、下層階級の人々は英語しか話すことはできなかった。だが、この300年の間に、大量のフランス語が英語の中に取り込まれたことも事実で、今日の英語にフランス語や、フランス語が基になるラテン語に由来する単語が多く含まれている所以がここにある。

♛ say（言う）の基になった北欧の伝承『サーガ』

　ノルマン人はグリーンランドからさらに西に進み、北米大陸に上陸している。

　『サーガ（saga）』は、12世紀頃に、アイスランドやノルウェーに伝わる英雄伝説や史実が年代記風に記された散文学の総称である。

　『サーガ』によれば、アイスランド生まれでグリーンランド育ちのノルマン人航海者レイフ・エリクソン（Leif Erikson）が海を渡って史上初めて北米大陸に到達したと記されている。

　この『サーガ』伝承を基に、1960年代にノルウェーの探検家がカナダのニューファンドランド島でノルマン人による入植地の遺跡を発見する。

　これにより、コロンブスよりも500年も前にヨーロッパ人が北米大陸に上陸していたことが証明された。

　ちなみに、『サーガ（saga）』は古ノルド語で「物語」という意味で、英語の**saying**（諺、発言）や**say**（言う）の基になっ

ている。

♛ イギリス王室の開祖はノルマンディーのヴァイキング

　ノルマン人は、西ゲルマン系のフランク人が建てたフランク王国の分裂に乗じて、北海を南下し、フランス西部の海岸を荒らし回った後、セーヌ川やロワール川を遡行しながら流域の修道院や司教座のある街を襲撃し、さらに内陸にまで侵入し、略奪を繰り返していた。

　911年に、ノルウェー系ノルマン人の首領ロロは西フランク王シャルル3世からキリスト教への改宗を条件に、セーヌ川下流の土地の領有を認められ、ここにノルマンディー公国が成立する。ロロの子孫はノルマン貴族としてフランス王の家臣となるが、この地域は現在もノルマンディー（Normandy）と呼ばれている。

　のちに、ノルマンディー公ギヨーム2世（英国名ウイリアム1世）は1066年に、「ヘイスティングズの戦い」でイングランドを征服し、ノルマン朝を建てたことは前述の通りだ。

　ノルマンディーのノルマン人は、さらにジブラルタル海峡を経由してシチリア島と南イタリアに進出し、1130年にシチリア王国を建国する。

　現在のイギリス王室は、征服王（the Conqueror）とも呼ばれたノルマン人（＝ヴァイキング）であるウイリアム1世から始まり、現在のチャールズ3世と続いている。すなわち、今日のイギリス王室はヴァイキングの血筋を継いでいることになる。

　英国史上最長の70年間、君主となったエリザベス2世には、こんな逸話がある。あるインタビューで「わが国はかつ

て外国からの侵略を受けたことがありません」という女王の発言を受けて、インタビュアーが「でも、ノルマン・コンクエストがありましたが……」と恐る恐る質問をする。すると女王は「あれは私どもがやったことです」と平然と答えたという。確かに、ノルマン・コンクエスト以降、イギリスは他の国からの侵略を一度も受けたことはない。

👑 ロシア（Russia）の語源は「オールを漕ぐ（row）人」

スカンジナビア半島の東側に居住していたスウェーデン系ノルマン人はリューリクに率いられてバルト海を渡り、862年に農耕・狩猟民族であるスラヴ人を征服し、ノヴゴロド国を建設した。

以後、彼らはルーシ人と呼ばれ、先住民のスラヴ人と混血しながら、ロシア人の祖先となる。

「ロシア（Russia）」の語源は、ノルマン人がノヴゴロドに建国した「ルーシの国」に由来する。ルーシの語源には諸説あり、フィンランド人がスウェーデンのことをRuotsi（ルオッツィ）と呼んでいたことに由来する説と、古ノルド語で「オールを漕ぐ人」という説が有力である。

後者が正しいとすれば、row（船を漕ぐ）とrudder（船の舵）もRussia（ロシア）と同じ語源ということになる。

リューリクの息子はビザンツ帝国との交易で利益を得るために、ノヴゴロドを水路伝いに南下し、ドニエプル川中流にあったキエフを占領し、ノヴゴロドから都を移して、キエフ大公国を建国する。その後、ノブゴロド国はキエフ大公国に併合されている。

このキエフ大公国が現在のロシア・ウクライナ・ベラルーシの基となる。彼らのビザンツ帝国への主な輸出品はロ

シアの森で捕れた毛皮製品と奴隷であった。

「奴隷」は英語でslave、「奴隷制度」はslaveryであるが、この単語はスラヴ人（the Slavs）の多くが奴隷とされていたことに由来する語である。

　ビザンツ帝国の皇帝はノルマン人たちを手なずけて、東から襲ってくる騎馬民族たちから身を守るための防波堤にしようと考えた。

　その結果、皇帝は自らの妹をキエフ大公国ウラジーミル1世に嫁がせ、その代わりに彼らをギリシャ正教に改宗させる。ここからロシア人のキリスト教化が始まる。

「ウラジーミル（Vladimir）」という名前は、プーチンの名前がそうであるように、ロシア人に多く、スラヴ語で「平和な世界の支配者」という意味である。ちなみに、ウクライナのゼレンスキー大統領の名前のヴォロディーミルはロシア語で読めばウラジーミルとなる。

　ローマ・カトリック教会がフランク王のカール大帝と結び付きを強めたのと同じように、ビザンツ帝国のギリシャ正教会はキエフ大公国との結び付きを強め、ビザンツ帝国滅亡後もロシアが東方キリスト教会の保護者となっていく。

第3章
イベリア半島のレコンキスタ

イスラーム教の起源

アラビア半島の砂漠地帯で遊牧生活を送っていたアラブ人は様々な部族に分かれ、それぞれの神を信仰する偶像崇拝の多神教であった。西暦7世紀初頭、イスラーム教がアラビア半島西部のメッカで誕生する。

当時、半島北方では西のビザンツ帝国（395〜1453年）と東のササン朝ペルシャ（226〜651年）が長期にわたって抗争を続けていたため、東西交易の商人たちは戦地での混乱を避けるために従来のルートを変更する。

半島西部の紅海沿岸に面するヒジャース地方を経由する新しいルートをとった結果、メッカやメディナが商業都市として繁栄していく一方で、貧富の差が拡大していくことになる。

そのような状況下でムハンマドがメッカの商人の家庭に生まれる。彼が40歳の頃、メッカ郊外の洞窟で瞑想に耽っている時に大天使ガブリエルが現れ、アッラー（イスラーム教の唯一神）の啓示を受けた後、預言者としてイスラーム教を創始する。

♛ 預言者とは「pro（前もって）＋ phet（話す人）」

「預言者」とは、神の言葉を預かる者、つまり、神から言葉を託されて民衆や、時の支配者である王に神の意志を伝える人

のことだ。

「預言者」は英語ではprophetで、ラテン語の「代弁者」propheraに由来する。語源は「pro（前もって）＋phet（話す人）」なので、未来のことを話す人から「予言者」の意味に解釈することもできる。**the Prophetと大文字で表せば、イスラーム教の創始者である「ムハンマド」を指す。**

イスラーム教徒は特別な事情がない限り一生に一度は**メッカ（Mecca）**を訪れなければならないとされる。Meccaはアラビア語で「聖地」の意味で、日本語では「メッカ」といえば、「甲子園は高校野球のメッカ」のように、「憧れの土地」や「聖地」の意味で使われる。

ムハンマドは預言者としてメッカで布教を始めるが、商人たちから迫害を受けたために、622年7月16日にメディナに移住する。この移住はアラビア語で「ヒジュラ」と呼ばれ、この年月日がイスラーム暦元年の1月1日となる。

「ヒジュラ」は日本では、かつて「ヘジラ」とも言われていた。Hijrahはアラビア語、Hegiraはラテン語で、どちらも「出発」を意味する単語である。

メディナに移住したムハンマドはイスラーム共同体・ウンマを創設し、630年にメッカに無血入城を果たすと、アラブの諸部族は次々と帰順し、半島内は宗教的・政治的に統一される。

唯一神アッラーの前では貧富の差を超えて平等であること、神父・牧師・僧侶などの聖職者を置かないこと、富める者が貧しい者に対して施しをしなければならないことなどがイスラームの教義で、これがアラブ人たちの心を捉えたのであろう。

♕ 聖典コーランは「読誦すべきもの」

「イスラーム教」のIslam（イスラーム）はアラビア語で「神の意志に全てを委ねる」、「イスラーム教徒」のMuslim（ムスリム）は「唯一神アッラーに服従する者」、ムハンマドの言行録をまとめた聖典「Koran（コーラン）」は「読誦すべきもの」という意味である。読誦とは声に出してお経を読むことだ。

♕ イスラームの教え「ラマダン」の意味

イスラームの教えに、「六信五行」というのがある。六信とはイスラーム教徒が信ずべき6つの信条、五行とは実行すべき5つの義務である。5つの義務の中には、先に取り上げた富める者が貯蓄の一部を貧しい者に施す喜捨（ザカート）や、一生に一度のメッカへの巡礼（ハッジ）のほかに、1日5回の礼拝（サラー）やラマダン月の断食（サウム）などが含まれる。

ラマダンとはアラビア語で「灼熱」の意味で、イスラーム暦で9番目の月（西暦の3〜5月）の日の出から日没までの間は断食をしなければならないという決まりだ。空腹を経験することで、飢えた人々の気持ちを理解し、貧しい人々との平等感を共有することが目的で、2023年のラマダンは3月23日から4月21日までの期間であった。

ハッジには、コロナ禍以前は、毎年約200万人のイスラーム教徒たちが訪れている。この時期には様々な行事があり、日本でも毎年この時期になると、メッカの中心にあるカーバ神殿の周りに、白い衣装を身にまとった男女がひしめき合っている光景をテレビで目にする。

アラビア語で「カーバ」とは「立方体」の意味で、信者たちは約15メートルの高さの神殿を反時計回りに7回廻ること

になっている。

　なお、カーバ神殿はイスラーム教が成立する以前から存在していたもので、当時は、この神殿の周りに各部族が崇める神のご神体などが置かれていたと言われる。これはアラブ人たちが、かつては多神教であったことを物語っている。

　筆者は大学生の頃、ロンドンで1か月ほどホームステイを経験したことがある。ヨーロッパ諸国の人たちが10人ほど集まる下宿屋のようなイギリス家庭であったが、その中にレバノンから来ていた男性がいた。

　ある夕食時に、たまたま私の隣に座った彼から「国からの仕送りが遅れているので少しお金を貸してくれ」と言われ、5ポンドほど貸してあげた。確か当時のレートで日本円で3000円くらいに相当する額で、貧乏学生の私には大金であった。

　夕食後にリビングでくつろいでいるとイタリア人から「あの人にお金を貸すと返ってこないよ」と言われた。実際、私が帰国するまでお金が戻ってくることはなかった。困っている人に救いの手を差し伸べるのがイスラーム教徒の義務であることを知ったのは、それからずっと後のことだった。

イベリア半島に侵入するイスラーム勢力

　いわゆる「米国同時多発テロ（2001年9月11日）」以来、よく耳にするようになったアラビア語の一つに「聖戦」を意味する「ジハード（jihad）」という言葉がある。イスラーム教やイスラーム教徒を迫害する異教徒と戦うことはコーランにも示されているように、彼らにとっての義務である。

　イスラーム軍はジハードで戦死しても天国に行けると固

く信じていたので、戦場に出ても何も恐れることなく勇敢に戦った。その結果、次々と西アジア諸国を征服していくことになる。

661年に、シリアのダマスカスに建国したウマイヤ朝は8世紀半ばまで続き、その後750年に興ったアッバース朝は762年から新都バグダードを中心に版図を拡大していく。

8世紀半ばまでは、征服者であるアラブ人が優遇される国家であったので、一般的に「アラブ帝国」、それ以降は非アラブ系のイラン人やトルコ人などのイスラーム教徒も平等に扱われる段階に入ることで、「イスラーム帝国」と呼ばれる。

アッバース朝は1258年に、チンギス・ハーンの孫にあたるフレグ率いるモンゴル軍に滅ぼされるが、1299年に中央アジアから移住してきたトルコ人を中心にアナトリアと呼ばれる小アジアにイスラーム王朝が建国される。

やがて、この王朝はオスマン帝国として、バルカン半島や地中海まで進出し、16世紀には全盛期を迎え、ヨーロッパのキリスト教世界に大きな脅威を与えることになる。

👑 ジブラルタル海峡に名を残すイスラーム将軍

アラブ帝国時代、イスラーム軍は西方の北アフリカにも勢力を広げながらエジプトやモロッコに支配領域を拡大していき、711年にジブラルタル（Gibraltar）海峡を越えてイベリア半島南部へ侵入し、西ゴート王国を滅亡させる。前述の通り、西ゴート王国は5世紀にゲルマン人の一派である西ゴート人がイベリア半島に建設したキリスト教の国家である。

「ジブラルタル（Gibraltar）」の語源は、アラビア語で「ターリクの岩」を表すJabal al-Tariq（ジャバール・アル・ター

リク）に由来する。ターリクは711年に、この海峡を渡った
イスラーム将軍の名前だ。

　以来、イベリア半島はイスラーム教徒の支配下に置かれる
ことになる。イスラーム教徒といっても、アラブ人は支配者
層のみの少数派で、大部分はアラビア語とは異なるベルベル
語を話すベルベル人であった。彼らはエジプト以西の北ア
フリカ地中海沿岸一帯（現在のモロッコ、アルジェリア、チ
ュニジア）の地域住民であった。

　現在、これらの国々ではアラビア語が主流で、ベルベル語
は山間部の村々の家庭内でしか使用されなくなってきてい
る。当時、ベルベル人はヨーロッパでは「ムーア人（the
Moors）」と呼ばれていた。Moorはラテン語の「マウレタニ
ア（Mauretania）の住人」という意味のMaurus（マウルス）
が語源で、おそらく、これはギリシャ語のMauros（皮膚の黒
い人）に由来すると思われる。

　厳密にいえば、ムーア人の肌の色は純粋な黒ではなく浅黒
い色であった。マウレタニアという地名は、現在でもアフリ
カ北西部のイスラム共和国「モーリタニア（Mauritania）」
に残されている。

♛ モロッコ（Morocco）の語源

「モロッコ（Morocco）」の語源は、ベルベル語で「要塞」や
「砦」の意味のMarrakesh（マラケシュ＝モロッコ中央部の
都市名）の発音が変化したもので、アラビア語では「最も西
にある土地」を意味するMaghrib-al-Aqsaに由来する。なお、
英語で「湿原地」や「原野」のmoorとは語源は異なる。

レコンキスタ

　イスラーム勢力は、侵入からわずか5年後の716年にイベリア半島のほぼ全域を征服する。西ゴートの貴族たちはほとんどが火刑に処せられたが、ペラーヨは半島北西の山間部に逃れることができた。彼は718年にアストゥリアス王国を建国し、722年のコバドンガの戦いで、イスラーム軍を破ることになる。

　当時、イスラーム軍はピレネー山脈を越えて隣国のフランク王国に侵入を試みており、コバドンガの戦いには注力していなかったのが敗北の原因だったと言われる。

　アストゥリアス王国が建国された718年は歴史上、スペイン語で「再征服」を意味する「レコンキスタ（Reconquista）」の始まりとされる。「レコンキスタ」は日本の歴史教科書では「国土回復運動」と訳されているが、要は、かつてキリスト教徒のものであった土地をイスラームから取り戻そうとする運動のことだ。

　この運動はイスラーム教国ナスル朝のグラナダが陥落する1492年までの約800年近く続くことになる。

♛ conquest（征服）は
　敵が所有するものを全て求めること

　スペイン語のReconquista（レコンキスタ）は英語ならReconquestで、語源は「re（再び）＋con（完全に）＋quest（求める）」だ。conquest（征服）は敵が所有するものを「全て求めること」から生まれた語で、動詞形conquerは「征服する」。

♛ ドラクエの quest（求める）と語源が同じ
question（質問）、request（リクエスト）…

1986年に任天堂から発売された『ドラゴンクエスト（通称、ドラクエ）』の名称の由来は、「ドラゴン（dragon）を探し求めること（quest）」で、シリーズ1作目は、竜王を探し出し、さらわれたローラ姫を救い出すことが目的のロールプレイングゲーム。**quest**は「探求」「追求」の意味である。ドラクエはアメリカでは、3年後の1989年に、Dragon Warrior（竜の戦士）の名称で発売されている。

相手に答えを求める「質問」や「問題」の**question**は動詞なら「質問する」、**questionnaire**はフランス語由来の単語で「アンケート」、**query**は格式ばった名詞で「質問」「疑惑」、動詞なら「質問する」「疑問を抱く」、**request**は、「再び（re）求める」から「懇願・依頼(する)」となる。

なお、カタカナ語の「アンケート」という外来語はフランス語で「調査」や「質問」の**enquête**に由来する。

これらの英単語はラテン語で「求める」「探す」という意味のquaerere に由来し、when（いつ）・where（どこで）・who（誰が）・what（何を）・why（なぜ）・which（どれを）・how（いかに）などの疑問詞の基になる印欧祖語のkwo（クウォ）にさかのぼることができる。語頭の発音が似ている**quality(質)**、**quantity(量)**、**quote(引用する)**、**quotation(引用)**のほかに、演劇の舞台で、俳優のセリフや動き、音響や照明操作などのタイミングを知らせる、つまり「いつ（when）」を知らせる「**合図**」の「**キュー（cue）**」も同系語である。

日本人の多くは、イスラーム教と聞くと、他の宗教を一切認めない、野蛮かつ時代遅れなイメージで捉えがちだが、これは日本を含めた欧米のマスメディアの影響が大きいと思われる。

　実際、イベリア半島がイスラーム教徒によって支配されたといっても、キリスト教徒たちは地代や人頭税を払えば、自由にキリスト教を信仰することもできたし、土地の所有や従来法も認められていたので、両者は比較的平和に共存していた。

　ところが、1031年にイスラーム帝国の後ウマイヤ朝崩壊によって、半島内のイスラーム勢力が分裂したことで、レコンキスタが活発化していく。

　かねてより、アストゥリアス王国は版図を拡大し、910年にレオンに遷都してレオン王国となっていた。そして、レオン王国から別れた「カスティリャ（Castilla）」がレコンキスタの中心勢力としてイベリア半島の中部まで進出。1035年にカスティリャ王国となり、2年後にレオン王国と連合して、1085年には西ゴート王国の首都であったトレドの奪還に成功する。

　カスティリャ王国はその後、1230年にレオン王国を完全に併合し、続いてコルドバ、セビリア、そして1343年にはアルヘシラスを奪還する。

　なお、1143年にカスティリャ王国から分離していたポルトガル王国は、その後、南に勢力を拡大し、1249年に南部のファローとシルベスを奪還し、いち早くレコンキスタを完了させている。

　カスティリャ王国が成立した1035年に、イベリア半島北東部に成立したアラゴン王国が、フランク王国から独立していたカタルーニャ君主国と1137年に連合王国を形成する。このように、半島のキリスト教諸国は急速に発展し、レコンキスタを推し進めていく。

　フランク王国は732年のトゥール・ポワティエ間の戦いでピレネー山脈を越えて侵入して来たイスラーム軍を押し返し、山脈の南側の地域をイスラーム勢力から奪還する。

　その後、再度のイスラーム勢力の侵入に備えて、時のカール大帝は、この地域一帯をスペイン辺境領と定めた。カタルーニャ君主国は、これらのスペイン辺境領がバルセロナ伯の支配下で連合した国家である。

　現在、カタルーニャの州都バルセロナでは、スペイン語だけでなくカタルーニャ語も公用語になっている。この地域に住む人たちはカタルーニャ人としての民族意識が高く、直近では2017年にカタルーニャ共和国として独立宣言をしているが、スペインの高等裁判所では無効の判決が下されている。カタルーニャ語もロマンス言語の一つである。

♛ サグラダ・ファミリアは
Sacred Family Church (聖家族教会)

　バルセロナのランドマークである「サグラダ・ファミリア（Sagrada Familia）」はカタルーニャ語で「聖なる家族教会」、英語ならSacred Family Church、日本語なら「聖家族教会」となる。

♛ カステラの語源は「カスティリャ王国の菓子」

日本の「カステラ」の語源については諸説あるが、15世紀から16世紀にかけて、ポルトガルの商人により鉄砲やキリスト教と共に日本に伝えられたもので、「ボロ・デ・カステラ（Bolo de Castella）」＝「カスティリャ王国の菓子」に由来するという説が有力だ。

小麦粉に卵と砂糖を混ぜて軽く焼いた丸い「ボーロ」という菓子も、このポルトガル語のboloが語源である。

♛ カスティリャ王国の紋章に
城（castle）が描かれている理由

カスティリャ王国の紋章には城が描かれている。「カスティリャ（Castilla）」はラテン語で「城」や「砦」のcastellaに由来し、「城」を表す英語のcastleやフランス語のchateau（シャトー）と同系語である。つまり、カスティリャ王国の名前の由来はイスラーム軍に対峙する「キリスト教徒の砦」ということになる。

ちなみに、イギリスの地名「マンチェスター（Manchester）」、「ウィンチェスター（Winchester）」、「チェスターフィールド（Chesterfield）」、「レスター（Leicester）」、「グロスター（Gloucester）」などに使われているchesterやcesterはラテン語で「ローマの都市や要塞」を表すcastraに由来し、これらの都市が古代ローマ人によって建設されたことを表している。

　イベリア半島は西ゴート人よりもはるか以前にローマ帝国が支配しており、紀元1世紀に現在の首都マドリードから北西約70km離れたカスティーリャ・イ・レオン州のセゴビアに二層式水道橋を建設している。

　2000年以上も前に建設された橋が未だに堂々とそびえる風景はまさに圧巻である。

　水道橋の近くにはディズニー映画『白雪姫』に出てくる城のモデルとされるセゴビア城と呼ばれる王宮アルカサルがあり、水道橋と共に観光スポットになっている。

♛ イベリコ豚のイベリコはイベリア半島に由来する

　セゴビアの名物料理・子豚の丸焼きは絶品である。なお、「イベリコ豚」の「イベリコ（Ibérico）」とは「イベリア半島（Ibérian Peninsula）」のイベリアに由来する。

セゴビアの水道橋（筆者撮影）

パエリアを生んだヴァレンシア

　オレンジで有名な「ヴァレンシア（Valencia）」は現在、首都マドリードとカタルーニャ州都バルセロナに次ぐ、スペイン3番目の都市で、パエリアの発祥地としても知られる。

👑 パエリアはフライパンのことだった

「パエリア（paella）」はカタルーニャ語で、両側に持ち手のある平べったい「フライパン（frying pan）」に由来し、起源はイベリア半島に稲作とサフランをもたらしたアラブ人とされる。

　8世紀にヴァレンシアに住みついたイスラーム教徒たちはヴァレンシア郊外に稲作を始め、田んぼの周りで捕れたウサギ・ニワトリの肉や野菜にサフラン（saffron）を加えて米を炊き上げた料理がパエリヤの原型で、のちに地中海産の魚介類なども使われるようになる。そのような背景から、ヴァレンシア風のパエリアは鶏肉と野菜が主体である。

　サフランの原産地は地中海東部沿岸ともイラン、インドとも言われているが、いずれにしてもスペインにもたらしたのはアラブ人であることに間違いない。一口にパエリアと言っても様々な種類があり、米以外にパスタを使ったものもあるようだ。個人的にはイカ墨のパエリアが好物である。

👑 イカ（squid）は「（墨を）噴出させる（squirt）もの」

「イカ墨」は英語でsquid inkというが、「イカ」のsquidは「（墨を）噴出させる（squirt）もの」が語源である。squidには、スルメイカ・アカイカ・ヤリイカ・ホタルイカ・ケンサキイカ・アオリイカなどの種類があり、「コウイカ」の

cuttlefishと区別される。

♛ セピア色は「イカ墨から作られる茶色の顔料」

　日本語では「赤茶色にあせた写真」を「セピア色」と形容するが、「**セピア（sepia）**」とは、「イカ墨から作られる茶色の顔料」のことで、ラテン語やギリシャ語の「コウイカ（sepia）」に由来する。

♛ ヴァレンシアの語源 val（力）から生まれた意外な言葉

「ヴァレンシア（Valencia）」は「砦」や「要塞」の意味で、語源はラテン語で「力」を表すvalentiaに由来し、印欧祖語で「強い」という意味のwalにさかのぼることができる。「ヴァレンタインデー」の生みの親である聖ヴァレンタイン（St. Valentine）も同じ語源である。

　valやvailは「価値」や「力」の意味で、**value（価値）、valuable（価値のある）、valid（有効な）、invalid（無効の、病弱な）、valor（勇気）、valiant（勇敢な）、evaluate（評価する）、equivalent（同等の）、prevail（普及する）、prevalent（普及している）、available（利用できる）**なども同系語だ。

　その他、前述したロシアのプーチン大統領のファーストネーム「ウラジーミル（Vladimir）」は、スラブ語の「vlasti（力＝支配）＋miru（平和）」から「平和な世界の支配者」、スコットランドを代表する詩人で小説家の「ウォルター・スコット（Walter Scott）」のWalter（強い軍隊）なども同語源である。

　さらに、名前の語尾に付く「支配者」の意味のardやordも同じ語源。「ドナルド（Donald）」は「世界の支配者」、「アーノルド（Arnold）」は「鷲の力を持った支配者」、「ジェラルド

（Gerald）」は「槍を持った支配者」、「ハロルド（Harold）」は「武器を持った支配者」、「ロナルド（Ronald）」は「神の力を持った支配者」に由来する。

余談になるが、筆者の住んでいる埼玉県に幸手市があるが、かつて、幸手駅の前に「サッテリア」というファストフード店があった。当時、千葉県の松戸市にも「マツドナルド」という店があると噂を聞き、調べてみたが、そのような店は存在しなかった。ちなみに、McDonald（マクドナルド）は「ドナルドの息子」という意味の名字で、祖先はアイルランドまたはスコットランドであることがわかる。

イスラーム文化とキリスト教文化が共存したトレド

レコンキスタ進行中にスペインが奪還した地域に暮らしていたイスラーム教徒であるムーア人たちはカトリック支配下で比較的平穏な暮らしを送っていた。キリスト教徒側の支配者に納税をすることで、イスラームの信仰や習慣を守ることが認められていたからだ。

彼らの中には「ムデハル」と呼ばれる、手工業や建築業に高い技術を持っている者がいて、王族や貴族に多く重用されていた。ムデハルとはアラビア語で「残留者」の意味で、ムデハル様式とはキリスト教の建築様式にイスラム文化の要素を取り入れた中世スペインの建築様式のことだ。

トレドは奪還後もキリスト教文化とイスラーム教文化の接点となり、文化交流の場となっていった。現在でもトレド要塞内のムデハル様式の建築物には２つの文化の融合が見事に表現されており、スペイン観光には欠かせないスポットになっている。「トレド（Toledo）」の語源はケルト語で「丘」の意味である。

トレドの街

　トレドで有名なのは「ダマスキナード（damasquinado）」
と呼ばれる金銀の象嵌細工の工芸品だが、この名前は、イス
ラーム文化で最高の装飾工芸を生んだシリアのダマスカス
の地名に由来する。

キリスト教に改宗したユダヤ人

　レコンキスタは表向きにはキリスト教徒とイスラーム教
徒の対立という構図であったが、第三勢力として、イスラー
ムから奪還した地域に住んでいたユダヤ教徒の存在も無視
することはできない。彼らはヘブライ語で「スペイン人」と
いう意味の「セファルディ（Sephardi）、複数形はセファル
ディム（Sephardim）」と呼ばれていた。

　イスラーム教徒がユダヤ人に対して比較的寛容であった
ことから、イスラーム勢力とほぼ同時期にイベリア半島に移
住してきたが、特に南部のコルドバでは商人としての力量を
発揮し、知識人としても重用されていた。ユダヤ教徒にとっ
ての教会堂である「シナゴーグ」の建設も許可されていた。

　セファルディは長い間、イスラームの支配下にあったので

アラブ人との混血が多く、浅黒い肌が特徴であった。富豪で教養あるユダヤ人の中には宮廷や政府の要職に就く者、高額の持参金を携えて貴族と婚姻関係を結ぶことで上流社会に入る者もいたことから、レコンキスタの進行中はキリスト教徒によるユダヤ教徒への差別は比較的少なかった。

しかし、レコンキスタが終焉に向かうにつれて、裕福な生活を送っているユダヤ人に対する不満から迫害が激しくなっていく。

特に、1348年にイベリア半島で発生した黒死病（ペスト）の大流行がユダヤ人への迫害に拍車をかけることになる。迫害が頂点に達するのは、1391年にセビリアで始まったユダヤ人襲撃で、それを契機に堰を切ったように迫害がイベリア半島全土に広がり、約7万人のユダヤ人が虐殺されることになる。

ユダヤ人の中には迫害から逃れるためにキリスト教へ改宗する者も現れるが、彼らは「新キリスト教徒（New Christian）」として区別され、スペイン語で「改宗者」という意味の「コンベルソ（converso）」と呼ばれていた。キリスト教徒からは「ブタ野郎」を意味する「マラーノ（Marrano）」と呼ばれることもあった。

当時、10〜15万のユダヤ人がキリスト教に改宗したと言われる。コンベルソの中には、迫害から逃れるために、表向きには改宗を装っているが、密かにユダヤ教の信仰を守っている、いわば「隠れユダヤ教徒」のような人たちもいた。

マラーノとは、そのような人々を表す蔑称でもあった。イスラーム教やユダヤ教では豚肉は不浄なものとして食べることを禁じられているように、Marranoという単語はアラビ

ア語で「禁忌」を表すmuharramが基になっている。

♛ なぜイスラーム教徒が食べるのを禁ずる「ハラム」と 「ハーレム」の語源が同じなのか

アラビア語の haram（ハラム）は「禁じられたもの」という意味で、英語の「**ハーレム（harem）**」と同じ語源である。日本語で「ハーレム」というと、一人の男性が複数の女性を侍らせる場所を表すが、haremは、「禁じられた場所」が原義で、女性の身内以外の男性が立ち入ることを禁じられている場所が本来の意味だ。「ハラム（haram）」の対義語の「ハラル（halal）」は「神に許されたもの」で、「ハラルフード（halal food）」はイスラーム教徒が食べてもよい食べ物のことだ。

キリスト教改宗者であるコンベルソの中には文化人や教養人も多くいた。その中には『ドン・キホーテ』の作者であるミゲル・デ・セルバンテス、バロック画家のディエゴ・ベラスケス、イエズス会創立者の一人であるディエゴ・ライネスなどがいた。

カトリック教会は隠れユダヤ人であるマラーノの取り締まりを強化することになるが、これが「スペインの異端審問（Spanish Inquisition）」と呼ばれる宗教裁判の始まりである。

いったん異端審問にかけられると自白するまで拷問が続き、最終的には火あぶりの刑に処せられるケースがほとんどであったので、真のコンベルソたちも、自分が隠れユダヤ教徒であると疑われるのではないかと常に戦々恐々としていた。

そのような状況の中で、初代大審問官に任命されるのがドミニカ会修道士トマス・デ・トルケマダだ。彼もコンベルソであったが、自身が真の改宗者であることを示すために、約8000人〜1万人のマラーノを火刑に処したと言われている。彼は隠れユダヤ教徒たちが自白してから火刑に処せられるまでの一連の過程をショーにしてキリスト教徒たちに見せていたと言われる。

♛ converter（改宗者）と一緒に覚えたい英単語

「コンベルソ」は英語でいえば、converter（改宗者、変換器）。convertの語源は「con（一緒に）＋vert（向きを変える）」で、「変える、改宗させる」となる。

vertはラテン語のvertere（曲がる、向ける、回る）に由来する。invertは、中に（in）曲げて「反対にする、逆にする」、subvertは、下に（sub）向けて「転覆させる」、introvertは中に（intro）向くから「内向的な（人）」、extrovertは外に（extro）向くから「外交性の（人）」、divertは、向きを変えて離れる（di）から「変更する、そらす」、vertebrateは曲がった背骨を持つ「脊椎動物（の）」となる。

関連語のdiverse（異なった）、diversify（多様化する）、diversity（多様性）も一緒に覚えておきたい。

その他、universeは、一点を中心に回る「宇宙」、universityは、教授陣と学生が一か所に向き合うイメージから「大学」、versusは互いに向かい合うことから、the Giants versus the Tigersなら「ジャイアンツ対タイガース」、versatileは、向きを変えられるから「汎用性のある」「多芸の」、conversationは互いに向かい合ってする「会話」、controversyは対立して（contro）向き合ってする「論争」などの意味になる。

♛ Inquisition（異端尋問）と一緒に覚えたい英単語

Inquisition（異端尋問）の本来の意味は「厳しい尋問」だが、レコンキスタ（Reconquista）と同系語で、語源は「in（中に）＋quaerere（求める）＋tion（こと）」だ。動詞形inquireは「尋ねる」「調査する」、名詞形inquiryは「質問」「調査」、inquisitorは「尋問者」で、大文字のInquisitorで示せば「異端審問官」「宗教裁判官」となる。

requireは「re（再び）＋quaerere（求める）」から「必要とする」「要求する」となる。ちなみに、矢継ぎ早の質問攻めにあった時に、ユーモアを交えて、"The Spanish Inquisition?（えっ、また質問？）"と応じる表現がある。

スペインの由来

このような社会情勢の1469年に、カスティリャ王国のイサベル女王はアラゴン王国の王子フェルナンドと、当時、王族同士では極めて稀であった恋愛結婚をする。王子がフェルナンド5世として即位した1479年に両国が合同してイスパニア王国、現在のスペイン王国が成立する。

「イスパニア」という国名は、この地が、かつてはローマの属州で「ヒスパニア（Hispania）」と呼ばれていたことに由来する。ラテン語のHispaniaはスペイン語だとhは発音されないので「イスパニア」となり、さらにスペイン語でEspaña（エスパーニャ）と変化していった。

英語のSpain（スペイン）やSpanish（スペインの）という単語が使われるようになるのは12世紀以降である。日本でも江戸時代以前は「イスパニア」という呼称が使われていた。筆者の母校・上智大学では未だに「スペイン語学科」ではな

く「イスパニア語学科」と呼んでいる。

　現代英語のHispanic(ヒスパニック)は日本でもよく使われる言葉だが、名詞で「ラテンアメリカ系の人」や「スペイン語を話す人」、形容詞で「ラテンアメリカ系の」や「スペイン系の」という意味だ。

　余談であるが、筆者はSpainという言葉を聞くと、なぜか映画『My Fair Lady (マイ・フェア・レディ)』を思い出してしまう。主人公のイライザが発音矯正のために何度も発音練習をさせられるが、その時のフレーズが"The rain in Spain stays mainly in the plain.(スペインの雨は主に平原に降る)"。韻を踏んでいて、何とも心地よい響きの英文である。

レコンキスタ完了とユダヤ人追放令

　スペイン王国の成立によって、最後まで抵抗し続けてきたイスラーム教国ナスル朝最後の砦であったグラナダが1492年に陥落し、レコンキスタは完了する。

　この年にイサベル女王とフェルナンド5世はユダヤ人追放令を出し、カトリックへの改宗を強制する。彼女はユダヤ人に4か月の猶予を与え、それでも改宗しない者については全財産を没収することにする。その結果、多くのユダヤ人は北アフリカを経由して、オスマン帝国などのイスラム世界や、隣国のポルトガルに逃亡することになる。

　だが、ポルトガルは1580年にスペインに併合されたために、追放令はポルトガルにも適用されることになり、ユダヤ人たちは当時スペインの飛び地であり、スペインからの独立運動を展開していたネーデルラントのアムステルダムに逃れて

いく。金融業に長けたユダヤ人の移住によって、のちにオランダは国際金融の中心地になっていく。

♕ expel（追放する）の語源から生まれた英単語

「追放令」はスペイン語で、orden de expulsión、英語なら expulsion orderとなる。動詞形のexpel(追放する)はラテン語の「ex（外に）＋pel（駆り立てる）」が語源で、印欧祖語のpel（打つ、押す、駆り立てる）にさかのぼることができる。

pulse(パルス)は「脈打つ」や「脈拍」、impulseは「心の中に打つもの」から「衝動」、動詞形impelは「強いる」、propeller（プロペラ）の動詞propelは「pro（前に）押し出す」から「推進する」「押しやる」、compelは「com（共に）駆り立てる」から「強いる」、形容詞形compulsoryは「強制的な」で、compulsory educationなら「義務教育」。dispelは「押し離す（dis）」から「一掃する」、repelは「押し戻す（re）」から「撃退する」で、repellentなら名詞で「防虫剤」、形容詞で「寄せ付けない」となる。その他、push(押す)、appeal(訴える)、polish(磨く)も同系語である。

イサベル女王とフェルナンド5世はユダヤ人だけでなくイスラーム教徒に対しても迫害を続けた。グラナダ陥落の際に、降伏の条件としてイスラーム教徒の信仰の自由と財産の保障を約束していた。しかし10年後には、その約束を反故にし、キリスト教への改宗か国外退去の二者択一の選択を迫った。

「モリスコ（Morisco）」はキリスト教に改宗したムーア人の意味であったが、のちにイベリア半島に残留したムーア人を指すようになった。Moriscoとはスペイン語で「小さなムーア人」という意味で、かつて、ムデハルと呼ばれていた人た

ちもモリスコと呼ばれるようになる。カトリックの他宗教に対する不寛容は、のちの大航海時代を通して「太陽が沈まない国」と称されたスペイン王国が没落する大きな要因の一つになったといえるであろう。

コロンブスの新大陸発見のもう一つの目的とは

　1492年にアメリカ大陸に到達したコロンブスはコンベルソであったという説がある。イタリアのジェノヴァ出身の探検家であるコロンブスは資金調達のために、スペインのイサベル女王と夫フェルナンド5世のところに行き、大西洋の向こうに黄金の国ジパングやスパイスの国インドなどがあることを力説するが、冷たく断られてしまう。

　しかし、この両者の間を取り持ったのがフェルナンド国王に仕えていたコンベルソ財務長官のルイス・デ・サンタンヘルであった。同じくコンベルソで、アラゴンの財政有力者であったガブリエル・サンチェスやアルフォンソ・デ・カバリェーリャの支援を受け、コロンブスは最終的に両国王の許可を得て、船を調達することに成功する。

　コロンブスによる航海の目的は巨万の富を得ることであったが、スペインで迫害を受けていたコンベルソたちの避難場所を探すことも目的の一つであったと推測することもできる。

♛ コロンブスの名前に関係するクリストファー伝説とは

　ここで、コロンブスのファーストネームの「クリストファー（Christopher）」について解説したい。この名前は3世紀中頃の半伝説的殉教者の男性名に由来し、「Christ（キリスト）をpher（運ぶ人）」が語源だ。

クリストファーは世界で一番強い者に仕えたいという願いから、王様や悪魔の家来になり、最後に仕えたのがキリストだった。クリストファーは、嵐の夜に、ある少年を背負って川の濁流を進んでいく。すると、次第に少年が重くなり、溺れそうになってしまうが、何とか向こう岸にたどり着くことができた。のちに、彼は少年がイエス・キリストであったことを知ると同時に、その少年の重さが世界の全ての罪と苦しみを表していることを知ることになる。この伝説は現在でもライン川周辺に残っていて、ケルン大聖堂にはクリストファーが幼いイエスを背負っている像が安置されている。

👑 儀式に用いる香油（balsam）から
　 balm（鎮痛剤）が生まれた

　Christ（キリスト）はギリシャ語のkhristos（聖油を注がれた者）が語源であることは既習事項だ。ユダヤの王様が王座に就く時の儀式として油を注がれたことに由来するが、この儀式に使われていた聖油はchrismと呼ばれ、オリーブ油とバルサム（balsam）と呼ばれる香油を混ぜたものだ。**balmは「鎮痛剤」や「香油」の意味で、形容詞形balmyは「爽やかな、穏やかな」、balsamic vinegarは「バルサミコ酢」**だ。また、香港やシンガポールで人気の、メントール入りの軟膏はTiger Balm（タイガーバーム）として知られている。

　Christopherの後半部分のpher（＝fer）はラテン語のferre（運ぶ、生む）に由来し、印欧祖語bherにさかのぼることができる。

　bで始まる単語に**bear（運ぶ、生む、耐える）、birth（誕生）、bring（持ってくる）、burden（重荷）**などがある。

語尾にferが含まれる**offer**（申し出る、申し出）、**transfer**（移る）、**suffer**（苦しむ）、**refer**（言及する、参照する）、**prefer**（好む）、**differ**（異なる）なども同系語だ。

グラナダとアルハンブラ宮殿の語源

　グラナダ市南東の丘の上には「アルハンブラ宮殿」がそびえている。グラナダが陥落した時は無血開城であったので、アルハンブラ宮殿は現在でも当時のまま保存されている。「グラナダ（Granada）」は、スペイン語の「ザクロ」に由来する都市で、町のあちこちにザクロのオブジェを見ることができる。スペインの国章の一番下にもザクロの実と葉が描かれている。ラテン語の**「ザクロ（granatum）」**は英語では**pomegranate**だが、これを分解すると「pome（リンゴ、果物）＋grenate（種子を持った）」で、「種子を持った果物」が原義だ。「ポモナ（Pomona）」はローマ神話で「果樹や果実の女神」だが、「もぎ取られた」という意味のpo-emoに由来する。

　pomeloは「ブンタン、ザボン」、整髪料の「ポマード

アルハンブラ宮殿（筆者撮影）

（pomade）」はリンゴや果物で香りをつけた軟膏が原義だ。
愛媛県の「ポンジュース」のローマ字表記は1953年にPON
からPOMへ変わったそうだが、これらの語源を意識したも
のと推測できる。

♛ アラベスク模様は「アラビア風の装飾模様」

「アルハンブラ」は、アラビア語の影響を受けてできたスペ
イン語で「赤い城」という意味のAlhambraと表記し、スペイ
ン語ではhは発音されないので「アランブラ」と発音するの
が正しい。宮殿内部には**アラベスク（arabesque）**模様の装
飾が壁や天井に施されている。arabesqueとは「アラビア風
の」という意味で、イスラム美術の幾何学的な装飾文様に由
来している。

♛ アラビア語由来の英単語

　英語の定冠詞のtheに相当するのがアラビア語のalだが、
alcohol（アルコール）、**algebra（代数）**、**alchemy（錬金術）**、
almanac（年鑑、歳時暦）、**alkali（アルカリ）**などはアラビア語
由来の単語だ。

　その他、イスラーム教徒にとっての「唯一神アッラー
（Allah）」は英語で表せばthe God、国際テロ組織の「アルカ
ーイダ」は、the base（基地）となる。さらに、次に挙げる日
常語も皆アラビア語に由来する。

　magazine（雑誌）、monsoon（モンスーン）、orange（オレ
ンジ）、mummy（ミイラ）、lemon（レモン）、lime（ライム）、
safari（サファリ）、sherbet（シャーベット）、syrup（シロッ
プ）、sofa（ソファ）、tariff（関税）、mattress（マットレス）、
cotton（コットン）、coffee（コーヒー）、cafe（カフェ）、chess

（チェス）、check（チェックする）、amber（琥珀、琥珀色）、
candy（キャンディー）、assassin（暗殺者）、apricot（アンズ）
などがあるが、このうち、いくつか面白そうなものをピックアップしよう。

・magazine（雑誌）はアラビア語で「倉庫」の makhazin
が語源。本来は「武器の倉庫」や「武器の在庫に関する情報」などの意味で用いられた単語で、現在でも「ライフルの弾倉」や「弾薬庫」の意味でも使われており、「雑誌」の意味を持つようになったのは 18 世紀になってからのこと。

・monsoon（モンスーン）は熱帯のインド洋や南アジアの「雨季」や「季節風」のことで、時に「豪雨」の意味でも使われる単語。「航海に適した季節」という意味のアラビア語の mawsim（マウシム）がポルトガル語経由で、1580 年代に英語に借入されたもの。インド洋や南アジアの海では、5 月から 10 月までの夏季には南西から風が吹き、11 月から 4 月までの冬季には北東から風が吹くが、この季節風を利用して航海や貿易が古くから行われていた。大航海時代にポルトガルは、この夏季に吹く南西の風と冬季に吹く北東の風を利用して東インド諸島を行き来していた。なお、アラビア語 mawsim の本来の意味は「祭りなどの年中行事」を表す語であったが、のちに夏と冬に定期的に吹く風を表すようになった。

・tariff（関税）は「支払い通知」や「料金の一覧表」を意味する ta'rif がラテン語、イタリア語を経由して、1590 年

代に英語に借入された語。

・lemon（レモン）と lime（ライム）は9世紀から10世紀にかけてアラビア人がインドから地中海東岸のレバント地方に伝えたもので、lemon は古フランス語の limon を経て、lime はスペイン語の lima を経て、英語に借入された。

・sofa（ソファ）や mattress（マットレス）は前者の sofa が木製または石造りの「長椅子」がトルコ経由で英語に借入されたもので、現在のような形になったのは1717年からである。後者の mattress は「投げ下ろしたもの」から「横になるための大きなクッションや絨毯」に由来する。イタリアのシチリア島を経由して、ラテン語の matracium から古フランス語の materas を経て、13世紀に英語に借入された単語。

・coffee（コーヒー）の語源はアラビア語の qahwa（カファ）によるという説と、原産地のエチオピアの Kaffa（カッファ）地方に由来するという2つの説がある。qahwa は古アラビア語で「ワイン」の意味もあったが、お酒を飲むことが禁忌であったイスラーム教徒にとって、コーヒーはアルコールの代用品として愛飲されていた。1510年代にメッカ（カイロ説もある）で初のコーヒー店ができ、16世紀半ばに、オスマン帝国の首都コンスタンティノープルに有名なコーヒー店が開業されている。コーヒーは間もなくヨーロッパ各地に現れ、1650年までにはイングランドにも伝わっている。イングランドでは20年余りで3000軒以上のコーヒーハウスができ、それまでのビールに代わって

朝食にコーヒーを飲む習慣が生まれる。だが、18世紀にはインドからもたらされたより安価な紅茶（tea）に取って代わられる。

・chess（チェス）のゲームで、Checkmate! というと「王手！」、つまり「あなたの王様をよこせ！」と勝利宣言をする時の言葉。chess はアラビア語で「王様」の shah に由来する。**「調べる」「チェックする」の check** も同じ語源で、王手をかけられると王様の動きが一瞬止まり、制限されることになるが、さらなる敵からの攻撃を逃れるために次の手を調べることから生まれた語。

・amber（琥珀、琥珀色）は、透明感のある黄褐色でマッコウクジラの腸から採れる香料の龍涎香のアラビア語 anbar に由来。「琥珀」とは、樹木の樹脂が土砂などに埋もれ化石化したもので、龍涎香の素となるクジラの腸も樹脂も浜辺に打ち上げられることが多いことから、両者が混同されたものと考えられる。琥珀は、こすると静電気が起きて、髪の毛などにくっつくことが古代ローマ時代にも知られていた。**「電気」の electricity** はラテン語で「琥珀の」electrum、**「電子」の electron** はギリシャ語で「琥珀」の elektron に由来。ちなみに、信号機の「黄色」はアメリカでは yellow だが、イギリスでは amber が使われる。

・hashish（ハシシ）は大麻の樹脂から作る麻薬で、アラビア語の「草」「大麻」に由来する。ハシシは、12世紀頃からアラブ諸国では嗜好品として用いられており、現在でもかなり多くのイスラーム教徒たちがハシシの愛好家だと言

われている。日本では、医療大麻も禁止されているが、カナダ・メキシコ・グアム・ウルグアイ・米国 21 州など嗜好目的での使用が合法なところもある。レバノンの山岳地帯にいた狂信的なニザール派のイスラーム教徒は十字軍の騎士たちを殺害していたが、彼らの蔑称が hashishin（ハシシン）であったことから、**assassin（暗殺者）**や **assassinate（暗殺する）**という単語が生まれた。hashishin という蔑称は「大麻」の hashisi（ハシシ）と同系語で、彼らがハシシを用いて陶酔した状態で敵を殺害したとされることに由来する。

・**massage（マッサージ）**は、1874 年にフランス語から英語に借入された語で、アラビア語の massa（手で触れる）に由来し、ナポレオンがエジプト遠征をした際にフランスにもたらした語であると考えられる。massage parlor（マッサージパーラー）は、マッサージの施術をする店のことだが、この語句は 19 世紀の終わり頃から「売春宿」を偽る店の意味で使われていた。

・**safari park（サファリパーク）**といえば、放し飼いの動物公園のこと。safari はアラビア語で「旅」や「探検」を表し、スワヒリ語の「狩りのために数日から数週間かけてする探検」に由来する。スワヒリ語 (Swahili) はアラビア語で「海岸」を意味する sahil の複数形の sawahil に由来し、東南アフリカの海岸地域に暮らす人々が話すバントゥー諸語系統の言語で、アラブ人、ペルシャ人、インド人、マレー人、ポルトガル人たちの話す言葉や英語などの語彙が混ざって形成された言語である。現在、スワヒリ語が公用語になっ

ている主な国はケニヤとタンザニア、ウガンダ、ルワンダであるが、その他、コンゴ、モザンビークなどスワヒリ語人口は1億人以上いるとも言われる。

余談になるが、アメリカのボーイング社が開発・製造した大型旅客機の「ボーイング747」の愛称は「ジャンボジェット（Jumbo Jet）」だった。「ジャンボ（Jumbo）」という名称は、19世紀後半にロンドン動物園で飼育されていた巨大なアフリカ象の名前に由来する。

ジャンボは1861年にアビシニア（現在のエチオピア）で捕獲された小象でフランスから買い上げた象であった。このアフリカ象は、のちに米国のサーカス団に売られ人気を博すが、興行途中にカナダのとある駅の近くで機関車と衝突して死んでしまう。その事故の記事の中で、ほかの若い象を守るために自らを犠牲にしたという美談が掲載されたことで、ジャンボの名が一躍有名になった。「ジャンボ（Jumbo）」という名前は元々は西アフリカの言語で「象」を意味する言葉だったようだが、**jumboは小文字で表せば「巨大（な）、特大（の）」**の意味で使われる。

ちなみに、ディズニーの「ダンボ（Dumbo）」は、象のジャンボ（Jumbo）と「愚かな」という意味のdumbから生まれた名称である。アフリカでよく使われる挨拶（あいさつ）の「ジャンボ」はJamboと綴（つづ）り、スワヒリ語で、Hu Jambo「あなたは何事もありませんか」が原義で「お元気ですか」という意味になるそうだ。

スワヒリ語を調べてみて面白いと思った単語に、ピリピリ＝トウガラシ、ポレポレ＝ゆっくり、バラバラ＝道、ダラダラ＝乗り合いバス、ニャニャ＝トマト、カティカティ＝真ん中、マジ＝水、などがある。

大開墾運動と十字軍遠征

ヨーロッパ中世の定義

　一般的に、ヨーロッパでは西ローマ帝国が滅亡する476年頃から東ローマ帝国（ビザンツ帝国）が滅亡する1453年頃までの約1000年間は「中世」と呼ばれ、中世前期（5世紀〜10世紀）、中世盛期（11世紀〜13世紀）、中世後期（14世紀〜15世紀）に分けられる。

♛ medieval（中世の）は eternal（永遠の）と同じ語源

「中世」は英語では、Middle Agesともmedieval timesともいうことができる。medievalとは、ラテン語で「中間」のmediumと「時代、時期」を表すaevumから作り出された語である。aevumは印欧祖語で「人生」や「永遠」を表す aiwにさかのぼることができる。

　age（時代、時期、年）もaiwが基になっており、teenager（ティーンエージャー）は、 10代の若者を指す語で、13（thirteen）〜19（nineteen）までの数字に含まれる語尾のteenはten（10）の変化形で、thirteenは、three＋ten、nineteenはnine＋tenから生まれたアングロ・サクソン語である。teenageは形容詞として、teenage fashionなら「10代の若者ファッション」となる。

　また、teensと複数形とすれば、"Alice became a singer in her early teens.（アリスは10代前半で歌手になった）"の

ように、in one's teensの形で「10代で」という副詞として使うことができる。eternalは「永遠の」、名詞形eternityは「永遠」、longevityは「長い人生」から「長寿」「寿命」となる。

英会話教室の「イーオン（Aeon）」と大型ショッピングセンターの「イオン（Aeon）」は別の企業であるが、Aeonはラテン語で「永遠」のこと。英語ではeon（イーアンと発音する）で、「非常に長い期間」や「永劫（えいごう）」を意味する。

"Have you ever been to China?（今まで中国に行ったことがありますか）"のeverも同語源で「いかなる時代でも」が原義である。never（決して〜でない）はnotとeverの合成語で「いかなる時代も〜でない」、forever（永遠に）は「いかなる時代の間も」が原義の副詞である。

「原始時代の」はprimitiveが一般的だが、難単語のprimeval（プライミーヴァルと発音する）も「pri（前に）＋eval（時代）」が語源の同義語である。

👑 ローマ教皇（pope）はパパのこと

西ローマ帝国滅亡後、政治的な後見役を失ったローマ教皇は、東ローマ帝国の庇護（ひご）の下に、ゲルマン人に対してキリスト教を布教し、フランク王国をキリスト教に改宗させたことは既習事項だ。

その後、イタリアの修道士ベネディクトゥスはモンテ・カシノに聖職者を育成するための修道院を建設し、「祈り、働け」をモットーにローマ教会の力は次第に強くなっていく。pope（教皇、法王）は、ラテン語で「父」を意味するpapaが基になっており、ローマ教皇は現在でも「パパ」の愛称で呼ばれている。

♛ arch（長）を含む英単語

　ローマ・カトリック教会による支配体制が成立すると、「階級制」や「階層制」を意味するhierarchy（ヒエラルキー）が確立されていき、「教皇」を頂点に、「大司教（archbishop）」－「司教（bishop）」－「司祭（priestまたはfather）」というピラミッド型の組織が作られることになる。

　hierarchyはギリシャ語で「司祭長による支配」、archbishopは「司教の長」が原義で、arch（y）は「頭」や「長」に由来する。monarchは「一つの支配」から「専制君主、皇帝」で、monarchyは「君主制」、anarchyは「支配者がいないこと」から「無政府状態」、anarchistは「無政府主義者」、architectは「大工の頭」から「建築家」、architectureは「建築術」、「天使」のエンジェル（angel）がarchangelとなれば「大天使」となる。

　中世前期はキリスト教がヨーロッパ全土に広がり、中世盛期はキリスト教会が絶大な力を持つようになった時期であり、まさに神が絶対的な地位を確立していた時期である。

封建的主従関係から生まれた騎士道精神

　10世紀、遊牧民族でウラル語族に属するマジャール人は東から侵入を繰り返していた。これを東フランク王国のオットー1世が撃退したことで、ローマ教皇からローマ皇帝の冠を授けられ、のちにドイツの基になる神聖ローマ帝国が誕生することになる。その後、マジャール人はパンノニアに定住し、キリスト教に改宗して現在のハンガリー王国を造ったことは既習事項だ。

　神聖ローマ帝国の名が現れるのは12世紀になってからのことになるが、ローマから離れたところにあるドイツになぜ、

「神聖ローマ帝国」という名称が使われたのだろうか。

　当時、ビザンツ帝国の人々も自らをローマ帝国と呼んでいたように、ローマ帝国の後継者であることを誇示する必要があったのだろう。

　ただ、神聖ローマ皇帝とはいっても絶大な権力を持つ存在ではなかった。カール大帝のような例外はあるが、基本的に中世ヨーロッパには絶対的な支配者は君臨せず、各地に領主が群雄割拠している時代であった。東からはマジャール人のほかにイスラーム諸国、北からはノルマン人などの侵入にさらされながら、それらの敵と戦ったのが、その土地の領主たちであった。

👑 領主(lord)は「パン(loaf)を管理する者」

　領主たちは自分より強い領主と主従関係を結んで協力し合って戦う必要があり、ここに中世の主従関係が生まれる。主君は家臣に「封土(fief)」と呼ばれる土地を与え、保護の義務を負う代わりに、家臣は主君に対して隷属し、戦の時には従軍する義務を負っていた。

　このように、「封土」を仲立ちとする主従関係を「封建的主従関係」という。**「封建制度」は英語ではfeudalismまたはthe feudal system**で、ゲルマン語で「財産」や「家畜」を表すfeudumが基になっている。

　「封建領主」はfeudal lord。lodは「領主」のほかに、「地主、家主(landlord)」や「統治者」の意味で使われることもあるが、語源は「パンを管理する者」で、**loaf(パン1斤)**と同語源だ。「1斤のパン」はa loaf of breadという。lordに対する語が「パン生地をこねる人」が語源の**lady(女性、貴婦人)**だ。**「女性の地主、家主」はlandlady**という。

領主は荘園内に小麦の粉ひき用の水車や、パンの焼き窯を所有しており、農奴たちが小麦を製粉し、パンを焼く際に、使用料を取っていた。これらの水車や焼き窯の管理を領主から任されていたのがmiller（製粉業者）であり、baker（パン屋）であった。

　当時最も嫌われていたのが、この2つの職業であった。これらの職業に携わっていた人たちは、のちに、Miller（ミラー）やBaker（ベイカー）という名字を名乗ることになる。筆者の大学時代の恩師の一人である英国の神父Peter Milward先生の祖先は「水車小屋の番人（ward）」だったに違いない。

♛ 騎士（knight）の語源は「召使」

　封建的主従関係は重層的なもので、頂点に立つのが国王（神聖ローマ帝国の場合は皇帝）である。国王は大領主である「諸侯」に広大な土地を与え、諸侯も家臣を持ち、さらにその家臣も下級の家臣を持つという主従関係だ。

　これら下級の家臣は小貴族であり、「騎士」と呼ばれる人たちで構成されていた。彼らは日頃から騎馬術・槍術・剣術などの訓練に励み、戦に備えていた。

　「騎士」は英語では、ゲルマン語由来の「少年、召使」が原義のknight（ナイト）だが、フランス語ではchevalier（シュバリエー）、ドイツ語ではritter（リター）で、どちらも「馬に乗る人」を表す語である。

　「騎士道」はknighthoodともいうが、フランス語由来のchivalry（シバルリー）の方が一般的である。騎士道は、勇気・礼節・忠君などの徳を重んじ、弱者や女性を守ることを最上の美徳とするものであり、騎士たちによる戦は、基本的

に一対一の個人戦ではなく集団戦であった。「騎兵隊」は
cavalryで、一人一人の「騎兵」はcavalrymanという。

♛ ride（乗る）から ready（準備できた）が生まれたわけ

ドイツ語のritterは英語ならrider（ライダー）となる。英語
のride（乗る）は一般的には自転車やオートバイに乗ること
を表すことが多いが、「馬に乗る」ことが原義である。road
（道路）は「馬に乗ってする旅」が語源で、「馬の用意ができ
た」ことからready（準備のできた）という単語が生まれた。

♛ オマージュ（hommage）の起源

当時、主従関係を結ぶ「オマージュ」と呼ばれる象徴的な
儀式があった。一般的に「オマージュ」といえば、文学や芸
術の世界で、尊敬する作家や作品に影響を受けて、それに似
た作品を作り出すことだが、この場合の「オマージュ
（hommage）」とはフランス語で「尊敬」や「敬意」を表す語
である。

主従関係を結ぶ儀式のオマージュは、日本語では「臣従
礼」とも呼ばれ、家臣が主君の前でひざまずき、両手を差し
出しながら、家臣になる旨を伝えると、主君は両手で包み込
み、平和のキスをする、といった類のものであった。

フランス語のhommageは13世紀にhomage（尊敬、臣従の
誓い）として英語に借入される。この語はフランス語で「男
性」を表すhomme（オム）が基になっており、印欧祖語の
「大地」に由来する。

天にいる神に対して、大地という低いところにいる「人間
（の）」がhumanである。humane（ヒューメインと発音する）
は人間に本来備わっている性質から「心優しい」、humbleは腰

を低くすることから「謙虚な」、名詞形のhumilityは「謙虚」、humiliateは腰を低くさせすぎることから「恥をかかせる」、humidは湿った大地から「湿気の多い」となる。

荘園領主と農奴の主従関係

　家臣である騎士たちは諸侯から与えられた土地を荘園として所有する領主でもあり、荘園内の農奴を支配していた。特に中世前期の荘園内では、領主たちが農奴たちを賦役労働させる形態で成り立っており、自給自足的な閉鎖的経済が営まれていた。

　農奴(serf)は荘園内に居住し、若干の保有地や家族を持つ自由は与えられるものの、職業選択の自由はなく荘園内から出ることもできず、領主に対して様々な納税の義務を負い、カトリック教会にも「10分の1税」が課される苦しい生活を余儀なくされていた。

♛「マナーハウス」のマナーは「荘園」の意味だった

　「荘園」とは王・諸侯・騎士などの領地のことで、英語でmanorといい、ラテン語のmaneir(居住する)が語源である。荘園内に建てられた領主の大邸宅はmanor house(マナーハウス)と呼ばれ、mansion(マンション)もほぼ同義の単語である。日本語でいう「マンション」の英語は、apartmentまたはcondominiumで表す。

　フランス語で「家」の maison(メゾン)も同語源。「メゾネットタイプ」とは集合住宅の住戸形式の一つで、部屋の中に内階段がある2階以上の層を持つ部屋のことだが、これはフランス語のmaisonette(小さな家)に由来する。その他、remain(とどまる)やpermanent(永遠の)も同語源である。

♛ トランプゲームに隠された意外な事実

カードゲームの「トランプ」は英語では、単にcardsとするかplaying cardsと表す。英語のtrumpは「切り札」の意味である。トランプの起源は諸説あり、ハッキリしたことはわかっていないが、ヨーロッパに伝わったのは中世後期であることはわかっている。図柄は国によって異なり、日本のトランプはフランスを起源とする英米タイプのものである。

トランプの「組札」には、「スペード（spades）」「ダイヤ（diamonds）」「ハート（hearts）」「クラブ（clubs）」の4種類があり、それぞれ「スペード♠」は「剣」、「ダイヤ◆」は「貨幣」、「ハート♥」は「聖杯」、「クラブ♣」は「こん棒」を表している。

これらの4つの組札は中世ヨーロッパの人たちの身分を表し、spadeは「騎士」または「諸侯」、diamondは「商人」、heartは「聖職者」、clubは「農奴」を表しているという説がある。

さらに、4種類の組札は一年間を象徴するものにもなっていると言われる。スペードは「春」、ダイヤは「夏」、ハートは「秋」、クラブは「冬」の四季を表し、赤色は「昼間」、黒色は「夜」を表している。

カードの枚数は4×13で52枚となるが、カード1枚を1週間と考えると、合計364となり、これにジョーカーの1枚を足せば365になる。予備のエキストラジョーカーは4年に一度の閏年用のものと考えればよい。

12枚の絵柄のカードは12か月を表すとも言われる。

修道院による「大開墾運動」

キリスト教は6世紀頃に修道士ベネディクトゥスがイタリア中部のモンテ・カシノに建設した修道院が中心となり、ゲ

ルマン人をキリスト教に改宗させながら、全ヨーロッパに広がっていった。

　修道士たちは、「祈り、働け」をモットーに、「清貧・純潔・服従」という戒律をかかげ、禁欲生活を送っていた。このベネディクト派から生まれたのが、10世紀のクリュニー修道院であり、12世紀のシトー派修道会である。

　ゲルマン人による「第二次民族大移動」が終わる11世紀あたりからヨーロッパ社会は安定化へ向かうことになる。気候の温暖化も相まって、11世紀後半から13世紀前半にかけて、中世の農業革命とも呼ばれる「大開墾運動」が始まる。
　大開墾運動の推進力となったのが、1098年にフランス中部のシトーで設立された修道院である。ベネディクト派やクリュニー派の修道士は黒衣をまとっていたことからBlack Monk（黒い修道士）と呼ばれていたのに対し、シトー派は白衣をまとっていたことからWhite Monk（白い修道士）と呼ばれていた。シトー派は、清貧を貫くためには、白い服を黒に染めることさえ贅沢と考えていたことから白衣を着ていたと言われる。

♛ 修道院(monastery)、修道士(monk)につくmonの意味

　英語で「修道院」はmonastery、「修道士」はmonkだが、この２つの単語のmonは、ギリシャ語で「一人で」のmonosが語源だ。教会が信仰を広める場であるの対して、修道院は、現世から離れ、禁欲的規則の中で宗教的共同生活を送る人たちのための施設である。

　修道士たちは聖務日課という、1日24時間を通して3時間毎に、礼拝、聖書朗読、詩編唱和、聖母賛歌などを行わなければならなかった。初期のカトリック教会では、一日は、朝課（夜中）、賛課（日の出）、1時課（午前6時）、3時課（午前9時）、6時課（正午）、9時課（午後3時）、晩課（午後6時）、終課（午後9時）の8つに分けられていた。ラテン語で1時課はprima、3時課はtertia、6時課はsexta、9時課はnonaと呼ばれていた。

　このうち、9時課は修道士にとって最も重要な祈りの時間であり、これを終えてから食事をとることになっていた。中世ヨーロッパでは、公式には、病人、子供、お年寄りを除いて、食事の回数は昼と夜の2回のみであったが、実際には、一般庶民は1日3・4回は食事をしていたと考えられている。

　一方、修道士の食事回数は月曜日から土曜日までの労働日には1回、休日や祭日には2回であった。極度の空腹を経験すること、つまり肉体的苦痛に耐えることで、信仰の強さを神に示すことが必要であると考えられていた時代である。

♛ supper（夕食）と soup（スープ）は同じ語源

　修道士は聖務日課のほかに、農作業や手工業などの労働をしなければならず、さすがに1日1回の食事には耐えられなくなったのだろう。時代を経るにつれて、食事の回数は増えていくことになる。

　フランスの修道院で、夜に軽い食事をとるsoper（ソパー）が習慣になり、これが13世紀頃に、**supper（夕食）**として、イン

グランドに伝えられている。supperはゲルマン語に起源があり、「スープをすすること」が原義で、soup（スープ）、suck（吸う）、soak（浸す）、sop（吸い取る）、sip（ちびちび飲む）などが同語源の単語だ。

♛ 朝食（breakfast）は「断食（fast）を破る（break）こと」

なお、「朝食」のbreakfastは「断食（fast）を破る（break）こと」が語源である。

「断食」のfastは「身体を固く引き締めること」が原義で、身体を引き締めた状態で走れば、run fast（速く走る）となる。"Fasten your seat belts."なら「シートベルトを締めてください」、fastenの名詞形がfastener（ファスナー）だ。

♛ 大臣（minister）は
「国民に仕える小さな（mini）＋ster（者）」

聖務日課の1時課のprimaはラテン語で「1番目の」のことで、ここからprime（第一の）、primary（最初の）、premier（最高の）などが生まれる。

prime ministerは1番目の大臣から「首相」、primary schoolは子供が最初に行く「小学校」、premier league（プレミアリーグ）は、イングランドのプロサッカー1部リーグの「最高のリーグ」、primitiveは、歴史の最初の頃から「原始時代の」となる。

ちなみに、「大臣」のministerの語源は「小さい（mini）＋ster（者）」で、本来は「国民に仕える小さな者」が原義である。prince（王子）、princess（王女）、principle（原則）、principal（主要な、校長）も同系語で、ceやcipは「つかむ」という意味の印欧祖語のkapに由来する。

👑 なぜ、9時課から noon（12時）が生まれたのか

聖務日課の9時課のnonaの終了後に、修道士たちが1日1回の食事をすることは前述の通りだが、のちに、食事の時間は3時間ほど早められ、正午頃にとられるようになる。ここから、本来は「9」を表すnonaが**「正午、昼間の12時」を意味するnoon**という単語が生まれ、「noonに食べるもの」はnuncheonと呼ばれるようになった。これはのちに**luncheon**に変化し、この短縮形が**lunch（昼食）**となる。ちなみに、nuncheonは死語となっているが、luncheonは、格式ばった場面で「昼食」や「昼食会」の意味で使われる。

フランス語では「昼食」のことをdéjeuner（デジュネ）というが、これはかつてフランスの修道院で1日に1回とった食事のことで、前述の通り「断食を破るもの」が語源だ。この語は13世紀に、dinnerとして英語に入ってくるが、当時は朝の9時から12時頃の間にとる、一日のうちで最も豪華な食事を表す語であった。

現在、**dinner**は一般的には**「夕食」**の意味で使われるが、イギリスでは、日曜日などに昼食が一番のご馳走になる場合には、dinnerということもある。dinnerの動詞**dine**（ダインと発音する）は、改まった場面で**「食事をする」**ことで、名詞形の**diner**（ダイナーと発音する）は列車の**「食堂車」**、また米国では、外観が食堂車に似ている比較的安いレストランを表す。

👑 門限（curfew）の起源は「火を覆う」修道院の習慣から

朝昼夜の3回、鐘をついて住民に時刻を知らせることも修道士の重要な仕事であった。**「門限」は英語で、curfew**というが、この単語はフランスの修道院の習慣から生まれた語だ。中世ヨーロッパでは、就寝前の夜8時か9時に、教会の鐘を

鳴らして、住民たちに火の始末を促す習慣があった。当時、火災の原因の多くが、家の真ん中に穴を掘って作られた炉の火の不始末であった。curfewは古フランス語で、"Cover the fire.（火を覆え）"という意味のcuevrefeu（クーヴルフ）に由来し、「晩鐘」の意味から転じて、「門限」のほかに、「消灯時間」や「夜間外出禁止令」などの意味を持つようになった。

　cuevrefeuの語尾のfueは、床の中心にある「炉」のことで、ここからfocus（焦点）とfuel（燃料）という英単語が生まれている。レンズを太陽光に当てると光は一点に集まり、ここに紙を置くと、焦げたり燃えたりする。これが「焦点（focus）」だ。

ヨーロッパ人にとっての「森」の歴史

　話を大開墾運動に戻そう。「祈れ、働け」をモットーにしていたシトー派の修道士たちを中心に始まった大開墾運動。だが、なぜ彼らは大地を耕すことに精を出したのだろうか。

♛ 月の女神ルナも元は樹木の神

　多神教であるケルト人やゲルマン人にとって、森は精霊や妖精が宿る神聖な場所であった。古代のギリシャ人やローマ人も自然の世界に神が宿ると考えており、森も信仰の対象であった。ローマ神話で森の女神はディアナ（Diana）であり、月の女神のルナ（Luna）も元は樹木の神であった。

　シルヴィア（Sylvia）もディアナに仕える森の妖精ニンフであった。**英語のsylvanは形容詞で「森に住む」、名詞で「森の精」である。**

♛ 月から生まれた英単語

なお、Lunaから生まれた**lunar**は「月の」だが、かつては月の満ち欠けが原因で精神に異常をきたすと考えられていたことから、**lunatic**は「常軌を逸した」、**lunacy**は「常軌を逸した行為」となる。夜空に美しく輝くイメージから生まれた語には、luminous（夜光性の）、illuminate（照らす）、illumination（照明）、lucid（明快な）、illustrate（〈図表などで明快に〉説明する）、illustration（イラスト）、luster（光沢）、luxは照度の単位の「ルクス」などがある。

♛ 森(forest)と外国人(foreigner)の語源が同じ理由

このように、古代人にとって、森は神聖な場所であり、木材、食用の木の実、ハチミツ、飲料水となる湧き水など、人々が生活する上で恵みをもたらす存在であった。だが同時に、彼らにとって森は、自分たちの世界とは異なる「異界」としての側面もあった。

かつて大部分が森で覆われていたヨーロッパでは、人々は森を開拓して村や町をつくり、その中だけで暮らしていた。彼らが安全に暮らせる場所は人工的につくった村や町でしかなく、村や町を囲う柵を一歩越えて森の中に入ったら、生きて帰ってこられる保証はないところであった。

「森」は英語でforest。語源は「外側」で、**「外国の、異質の」**のforeignと同語源であるように、自分たちが住む世界とは別のところと考えていたことがわかる。

foreigner（外国人）という単語は、しばしば「よそ者」のニュアンスがあるため、"people from other countries（別の国の人）"のような表現が好まれる。

なお、「森林伐採」はdeforestation、「植林」は

afforestationという。

♛ 本当はおそろしいグリム童話の森

　やがて、キリスト教の布教と共に、人々の森に対する考え方が変化することになる。つまり、「人間以外の自然物は全て人間のために神が創造したものであり、自然は征服するべきものである」という考え方である。古代人が信仰の対象としていた神々や妖精たちも異教の悪魔と考えられるようになる。

　『グリム童話』は、著名な言語学者であったグリム兄弟が、ドイツや周辺地域の民話を収集し、再編した童話集である。これらの童話に登場する森は、人間に危害を加える狼や魔女など魑魅魍魎（ちみもうりょう）が潜む危険に満ちたおそろしい場所として描かれている。『赤ずきん』や『3匹の子豚』に登場する悪役は森に住む狼であり、『ヘンゼルとグレーテル』の悪役も森に住む魔女である。

♛ 森の精（sylvan）と野蛮人（savage）の関係

　「野蛮人」や「凶暴な」を表すsavageは「森の精」のsylvanと同語源。「童話」や「おとぎ話」はfairy taleで、fairyの語源はラテン語で「運命」のfatumに由来する。「妖精」と訳されるが、超自然的な魔力を持ち、昆虫の翅（はね）のある架空の生き物で、人間には好意的な存在で、しばしば女性の姿で表される。「話す」という意味の印欧祖語bhaにさかのぼり、**fame（名声）**、**famous（有名な）**、**fate（運命）**、**fatal（運命を決する）**、**fatality（必然、死者）**、**fable（寓話、たとえ話）**などが同系語である。

♛ 文化(culture) は心を耕すこと

　修道士たちは、森を伐採しながら、人々が暮らしやすい土地を増やすことが善であると考え、開墾に精を出していたのだ。英語で**「開墾」はcultivationで、「開墾する」はcultivate。**これはラテン語のcolere（耕す）が基になっており、**culture****も、同語源で、心を耕すことから「文化」の意味の他に「耕作」**や「栽培」の意味もある。

　大開墾運動を可能にしたのは重量有輪犂（すき）などの農機具の改良のほかに、秋耕地、春耕地、休耕地からなる三圃性（さんぽ）農業の普及が大きかった。これにより、生産性が向上し、人口が急増していく。ちなみに、「犂」の字には、「牛」の文字が含まれているが、「重量有輪犂」とは、くびきでつながれた牛が重い鉄の車輪を引っ張ることで土地を深く効率的に耕すことを可能にした農具であった。

　「有輪犂」は英語で、wheeled plow。wheel(車輪)は印欧祖語で「回転する」という意味のkwelから生まれた語で、先のcultivation（開墾）とculture（文化）も、同じkwelにさかのぼり、根っ子の部分でつながっている単語である。つまり、車輪（wheel）を回転させながら大地を耕す行為がcultivationであり、cultureだ。**「循環」や「周期」のcycle**やインド洋で発生する熱帯低気圧の**サイクロン(cyclone)**も同語源だ。

♛ 「耕す」から生まれた植民地化(colonization)

　大開墾運動の展開により、農村の人口が急増することで、労働力が余ることになった結果、農家の次男坊や三男坊たちは都市に流れ込み、都市の人口も増加していく。やがて西

チェコの世界遺産「チェスキークルムロフ」（筆者撮影）

ヨーロッパでは伐採する森林も少なくなり、西ヨーロッパの
森林の8割近くが消失したとも言われている。

　このような状況下で、ローマ・カトリック教会はドイツ騎
士団が中心となり、エルベ川以東の土地を求める「東方植
民」を開始する。エルベ川以東の土地には、民族大移動以前
はゲルマン人が居住していたが、その後はスラヴ人に占拠さ
れていた。当時、ゲルマン人の定住地域の東の境界線は、エ
ルベ川とその支流ザーレ川、およびボヘミアとバイエルンで
あった。

　ボヘミアの森は、現在はチェコの西部と中部を指す、歴史
的な地名であるが、筆者は数年前、13世紀にボヘミアの森を
切り拓いて建設されたチェコの世界遺産「チェスキークル
ムロフ」という中世の都市を訪れたことがある。森の深い
緑と澄んだ川に囲まれたパステルカラーの街並みは、まさに
「おとぎの国（fairyland）」であった。「チェスキー」とはチェ
コ語で「ボヘミア」のこと。

　ドイツは、現在のリトアニアやスロヴェニアなどに居住す
るスラヴ人をキリスト教に改宗させながら植民活動を行っ

た。

「東方植民」の英語はeastern colonization。**colonization**（植民地化）は**colony**（植民地）から生まれた動詞**colonize**（植民地化する）の名詞形だが、語源はラテン語のcolere（耕す）が基になっている。

当時、ローマ・カトリック教会はイスラームが支配していたイベリア半島の南部にも版図を拡大するべく、レコンキスタ、つまり国土回復運動も始まっていたことは前章での既習事項である。

キリスト教の聖地巡礼の流行

中世前期の頃の農村は物々交換で成り立っており、自給自足的な閉鎖的経済が営まれていたことは前述の通りだ。

大開墾運動によって、生産量が増大すると余剰作物が市場で取り引きされることで商業が生まれ、荘園内でも貨幣経済が徐々に浸透していく。これが荘園制の崩壊につながることになり、農奴たちは一定の額を領主に支払って自由の身になることができるようになっていった。

この頃、キリスト教にゆかりのある地への巡礼が流行する。巡礼の主な目的地はカトリック教会の総本山である「ローマ」や、イエスが処刑されたパレスチナの「エルサレム」、そしてイベリア半島北西部の「サンティアゴ・デ・コンポステーラ（Santiago de Compostela）」であった。これら3つの巡礼地は中世キリスト教の三大聖地と呼ばれていた。

♛ 巡礼者(pilgrim) と農業(agriculture) は同じ語源

「巡礼者」はpilgrimで、「巡礼」がpilgrimageとなるが、語源は「土地を越える」である。grimは「土地」や「野原」を

意味するagriが基になっており、acre / agriculture / agronomy / acornと同語源である。

　土地の面積を表す「エーカー（acre）」は、くびきにつないだ2頭の牛が鋤を使って一日に耕せる畑の広さで、約40アール。agricultureは「土地を耕すこと」から「農業」、agronomyは「土地の管理」から「農学」、acorn（エイコーンと発音する）は、野原に落ちた実から「どんぐり」となる。

♕ 旅（travel）の語源は拷問道具 !?

　当時の旅は常に危険に満ちたものであった。道路の整備もされておらず、ローマ時代に造られていたマイルストーンも風化しており、狼や危険な動物が潜む森に迷い込んだり、追い剥ぎに遭うこともしばしばあった時代である。

　「旅（をする）」は英語でtravelだが、この単語はフランス語で「労働」を意味するtravail（トラヴェイユ）が語源で、さらにラテン語で、拷問の道具であったtripalium（トリパリウム）にさかのぼる。つまり「3つの杭に磔にする拷問」に由来する語である。

♕ 巡礼者へのホスピタリティから
　病院（hospital）は生まれた

　一方で、巡礼者をもてなすための客人歓待制度なる習慣があった。巡礼者をもてなすことは、同一の神イエスを崇拝する者としての当然の義務でもあったわけだ。逆に、自分が巡礼をする時には、もてなしを受けることになる。もてなす側の「host（主人）」と、もてなされる側の「guest（客）」は、共に印欧祖語で「相互に扶助の義務を負う」というghos-tiに由来する語である。

19世紀になると、hospiceと呼ばれる、巡礼者のための宿泊施設も造られている。英語でhospice（ホスピス）はガンなど末期患者のために医療や看護を施す施設だ。「病院」のhospital、「もてなし」のhospitality、「親切にもてなす」のhospitableは皆、同語源である。

見知らぬ巡礼者を受け入れるということは、それなりの危険性が伴うことから、hostile（敵意のある）、hostility（敵意）、hostage（人質）などのネガティブな語も生まれている。

♛ ser（守る）が語源の英単語

「サンティアゴ（Santiago）」とはイエスの十二使徒の一人であった「聖ヤコブ（Jacob）」のスペイン語の名称で、伝承によれば9世紀に彼の遺骸がこの地で発見され、それを記念して聖堂が建てられたと言われている。

イエスが処刑されてからヤコブはローマで布教活動をしていたが、ヘロデ王（Herod）に断首される。ヘロデ王はイエスが誕生した頃のローマ帝国内のユダヤの王で、残虐な独裁政治家として知られていた。

皮肉なことに、ヘロデはギリシャ語ではHērōdesとなるが「heros（神格化された人）＋des（男性を表す接尾辞）」が語源で、hero（英雄、ヒーロー）の基になっている。heroは「守る人」が原義で、印欧祖語のser（守る）にさかのぼるものと考えられる。

conserve（保存する、保護する）、conservative（保守的な）、conservation（自然の保護、保存）、reserve（取っておく、予約する）、reservation（予約）、reservoir（貯水池、蓄積）、preserve（保護する、保存する）、preservation（保護、保存）、observe（守る、観察する）、observance（遵守）、

observation（観察、観測）、observatory（観測所）などが同
系語である。

♛ 「東方の三博士」の博士（magos）はマジシャンになった

『新約聖書』「マタイによる福音書」の第2章によれば、ヘロ
デ王はベツレヘムで生まれたイエスが将来のユダヤの王に
なるという予言を「東方の三博士」から聞き、ユダヤ王の座
を奪われることを恐れ、ベツレヘムとその付近の地方にいる
2歳以下の男の子を全て殺したと言われる。

シェークスピアが『ハムレット』の中で、"It out-Herods
Herod.（残虐さでヘロデに勝る者はいない）"という表現を
用いているように、現在でも「out-Herod Herod」は定型表
現として使われる。

「東方の三博士」は「東方の三賢人」とも呼ばれるが、イエ
スの誕生を祝福するために東方から星に導かれてベツレヘ
ムにやってきた3人の博士のこと。『新約聖書』が記されて
いるギリシャ語のmagos（占星術師）の日本語訳が「博士」
や「賢者」で、古代ペルシャ王国のメディアン族の祭司に由
来する単語である。magosはラテン語経由でmagiとなり、14
世紀後半にmagic（魔法〈の〉）、magical（神秘的な、魅力的
な）、magician（マジシャン、魔法使い）として英語に借入され
る。

♛ might（力）、main（主な）、machine（機械）に共通
   する意味

これらの語は印欧祖語で「力を持つ」や「できる」という
意味のmaghにさかのぼる。might（力）の形容詞mighty「強
力な」で、"The pen is mightier than the sword."なら「ペ

ンは剣よりも強し」という諺を作る。「〜かもしれない」という意味の助動詞mayやmightも同系語で、「〜できる」が原義である。"May I open the window?（窓を開けてもいいですか）"は"Can I open the window?"よりも丁寧な表現となる。

main（主な、主要な）も「力を持っている」が原義である。物を作り出すことができる「機械」のmachineも同語源で、mechanic（機械工）、mechanical（機械の）、mechanics（機械工学、力学）、mechanism（メカニズム、仕組み）などの派生語がある。

👑 キャンプの語源はキャンパス（平原）

話をサンティアゴ・デ・コンポステーラに戻そう。弟子たちはヤコブの遺骸を石の船に乗せて、この地に埋葬したと言われている。それから800年後の9世紀に、ある羊飼いがヤコブの墓を発見し、その場に聖堂が建てられたという伝承は前述の通り。12世紀には年間50万人がこの地を目指し、現在でも巡礼者は年間12万人を超えるという。

また、中世には北はヘルシンキ、東はローマ、さらにはトルコのイスタンブールからも巡礼路が通じていたそうだ。「コンポステーラ」の語源は、ラテン語の「campus stellae」、つまり「星の平原」という意味で、羊飼いが星に導かれて墓を発見したという伝説に由来する。

ラテン語のstella（ステラ＝星）はstar（星）と同語源で、astronomyは「星の規則」から「天文学」、astronautは「星の水夫」から「宇宙飛行士」、astrologyは「星の学問」から「占星術」、constellationは「星が一緒になったもの」から「星座」となる。

campusは「平地」や「野原」の意味で、大学の構内の「キャンパス（campus）」の語源にもなっている。発泡性ワインの「シャンパン（champagne）」は、フランス北部のシャンパーニュという地名によるが、ローマ人がこの地を見た時に、何もない「平原」のcampaniaと名づけたことに由来する。「キャンペーン（campaign）」は古代ローマの兵士が平地で軍事演習をしていたことに由来する語で、「軍事演習」が原義である。「キャンプ（camp）」も、元は軍隊の「野営地」が原義で、「チャンピオン（champion）」は戦場での「勝利者」から生まれた語だ。

♛ ユダヤ人のヤコブは、イギリスではジェームズ、フランスではジャックに

フランスからピレネー山脈を越えて、800kmも続く巡礼路は1993年に世界文化遺産に登録されている。通称「フランス人の道」と呼ばれるこの巡礼路の全行程を徒歩で回るには約1か月近くかかるという。

「ヤコブ（Jacob）」は英語で発音すると「ジェイコブ」となるが、イエスの十二使徒ヤコブを英語で表す時は、St. Jamesとなる。ちなみに、フランス語なら「サンジャック（Saint Jacques）」となり、ここから英語の「Jack（ジャック）」という男性名がフランス語由来であることがわかる。

東西教会の対立

巡礼が流行し始めたのは、西のローマ・カトリック教会と東方教会の中心であるコンスタンティノープル教会が敵対関係にあった頃である。

ローマ・カトリック教会はゲルマン人が建国したフラン

ク王国との結びつきを深めていく中で、多神教であるゲルマン人が理解しやすい聖像を用いて布教していた。

一方、東のコンスタンティノープル教会では8世紀に「聖像禁止令（iconoclasm）」が出されており、これが東西教会の対立の大きな原因になっていた。その他にも教義や典礼のあり方の違い、首位権などの問題を巡って、事実上、東西の教会は分裂状態にあった。

当時のビザンツ帝国はセルジューク朝というトルコ人のイスラーム政権によって圧迫を受けており、アナトリアの支配権を失っていた。そこで、ビザンツ皇帝アレクシオス1世はローマ教皇に傭兵の派遣を期待して、救援を要請している。

当初、この要請に応じたのがグレゴリウス7世であった。彼は同胞であるビザンツ帝国を救済しようではないかと民衆に呼びかけたが、応じる者が少なかったために実現するに至らなかった。そして、グレゴリウス7世の2代後の教皇ウルバヌス2世の時に再び要請があった。

ウルバヌス2世は普通に呼びかけても応じてくれないと判断し、考えた末に「イスラーム教徒に奪われた聖地エルサレムを奪還しよう。そのための遠征に参加した者は完全免罪をしよう。イスラームとの戦争に勝てば、彼らの領地は我々のものになる。仮に命を落とすことがあったとしても神のご加護により天国に行くことができる」と民衆たちを鼓舞し、1095年にクレルモン宗教会議を開き、キリスト教世界の膨張運動となる「十字軍」派遣の提唱をする。

その結果、ウルバヌス2世の「聖地奪還」という言葉が民衆たちの心を捉え、十字軍が結成されることになる。だが、実は十字軍派遣を提唱したウルバヌス2世の真の狙いは、東

西の教会を統一し、ローマ・カトリック教会の主導権を回復することにあった。

♛ アイドル（idol）の本来の意味は「偶像（神）」

「聖像禁止令」のiconoclasmの語源は中期ラテン語のiconoclastes〈icon（像、聖像）＋clastes（破壊）〉が基になっている。

「icon（アイコン）」はパソコン用語なら「図像」や「類似記号」のことで、iconifyなら「アイコン化する」となる。なお、「偶像崇拝」はidolatry（アイドーラトゥリと発音する）で、「idolon（像）＋latreia（崇拝）」が語源である。**「アイドル（idol）」の本来の意味は「偶像（神）」で、「崇拝される人や物」が原義である。動詞形idolizeは「偶像化する」となる。**

ローマ教皇の呼びかけで始まった十字軍遠征

教皇ウルバヌス2世の呼びかけに多くの諸侯や騎士が集まり、のちに一般民衆や商人などが加わり、イスラーム政権下にあった聖地エルサレムの奪還をスローガンに十字軍が結成されることになる。

「諸侯」とは国王に次ぐ「封建領主（feudal lord）」のことで、大貴族とも呼ばれ、日本でいえば「大名」や「藩主」のような存在である。既習事項だが、「騎士（knight）」は日本でいえば「武士」のような存在であった。

♛ Cross（十字架）から生まれた英単語

「十字軍（Crusades）」は、参加した者たちが胸に十字架を付けていたことに由来する。crusadeの語源はラテン語の「十字架」を表すcruxが基になっており、**crossは動詞で「横**

切る」、名詞で「十字架」、acrossは「十字架の方へ」から「〜を横切って」、crucialはキリスト教徒にとっての十字架はイエスの象徴であることから「極めて重要な」となる。

その他、crucifyは「十字架にかける」、crucifixionは「十字架をきつくする（fixion）」から「十字架の処刑」、cruise（クルーズ）は海を交差するように航海することから、動詞で「遊覧する」、名詞で「船旅」「巡航」。cruiser（クルーザー）は「巡洋艦」、cruising（クルージング）は大型船による「周遊旅行」、crusaderは「十字軍に参加する者」の意味になる。

ちなみに、1960年後半に音楽界で活躍した「ザ・フォーク・クルセダーズ（The Folk Crusaders）」の「帰って来たヨッパライ」を懐かしく思う方もおられるであろう。

十字軍遠征は1096年の第1回から1270年の第7回（8回と数える場合もある）までの約200年に渡って展開された。第1回の十字軍遠征に先駆けて、民衆十字軍遠征が行われている。フランスに隠者ピエールという説教者が現れ、フランス中を渡り歩いて、言葉巧みに民衆たちを先導して最終的に10万人の民衆を集め、コンスタンティノープルに向かっている。

これらの民衆の中には騎士階級の者や軍隊の経験者もいたが、大半は食料に困っている者で、盗賊なども含まれていたと言われ、貧民十字軍とも呼ばれていた。目的もそれぞれで、純粋に異教徒を滅ぼすための聖戦と考える者、単にエルサレムへの巡礼を考える者、新たな土地への移住を希望する者など様々であった。

彼らは聖地に向かう途中、特に彼らにとっての異教徒であるユダヤ人のコミュニティーで多くの略奪行為やユダヤ人

虐殺を行っている。ヨーロッパにおけるユダヤ人の迫害は
ここから始まったと考えられている。さらにハンガリー王
国やビザンツ帝国の領域内でも衝突を繰り返しながら、コン
スタンティノープル対岸の小アジア・アナトリアに上陸す
るも、いとも簡単に敵に制圧され、多くは殺害または奴隷と
なった。運よくピエールは生き延びて、第1回十字軍に参
加することになる。

　そもそも、ビザンツ帝国のアレクシオス1世は援軍を要請
しただけであって、聖地奪回など全く意図しておらず、対岸
の小アジアであるアナトリアの奪回が目的であった。

大成功に終わった第1回十字軍

　各地から出発した諸侯や騎士たちは1096年12月にコンス
タンティノープルに結集し、ビザンツ帝国軍と共にアナトリ
アに向かう。まずは、ニカイア攻囲戦でイスラーム軍を撃破
し、アナトリアからシリアに進軍する。この戦争で十字軍は
敵から奪った生首を投石機で敵軍に投げつけるという残酷
な行為で敵の戦意を喪失させたと言われている。

　次に、1097〜1098年にかけて、シリア北部のアンティオキ
ア攻囲戦に勝利する。途上、十字軍は攻略した都市で略奪、
虐殺、強姦など、まさに極悪非道極まりない行為を繰り返し
ていた。特に大都市アンティオキアでは、食料難からイスラ
ーム人を焼いて食べるという信じられない蛮行に及んでい
る。1099年、十字軍の兵士たちはエルサレムの城内に突入し、
7万人以上のイスラーム教徒を殺害する。その時、城内に
流れた血は膝の高さまで達したという噂まで流れた。

　こうして、第1回十字軍遠征は大成功に終わった。十字
軍の指導者たちは十字軍国家であるエルサレム王国を建設

し、現地のムスリムたちと共存しながら貿易による商業活動を行うと同時に、ヨーロッパから騎士を呼び寄せ、戦闘的修道会であるテンプル騎士修道会を創設し、軍事活動に従事させた。彼らの役割は主にエルサレムに向かう巡礼の保護であった。

底力で勝るイスラーム勢力の第2回十字軍

その後間もなくイスラームの反撃が始まり、1144年にエデッサが陥落する。これを受けて組織されたのが第2回十字軍遠征（1147〜1149年）である。当時の時代背景として、カトリック教会はイベリア半島のレコンキスタに軍勢を送ることに注力していた頃であり、南フランスや北イタリアの人々の関心はイベリア半島に向いていた状況であった。ドイツ王コンラート3世とシチリア王のルッジェーロ2世が対立関係にあった。歴代の神聖ローマ皇帝はローマを支配下に置きたがったが、ヴァイキング出身のルッジェーロ2世はそれを許そうとしなかったからだ。

このような状況下で、コンラート3世とフランス王ルイ7世を指導者として多くの兵士が集まるも、それぞれ異なった目的を持った兵士たちを統制することができずイスラーム軍の攻撃で大損害を受け、思うような結果を得られずに終結を迎える。

中世の頃の東洋と西洋を比べれば、文化的にも学問的にも東洋の方がはるかに優っており、戦争でも東洋が本気を出せば負ける要素はなかったはずである。第1回の十字軍遠征にイスラームが屈したのも油断の一言に尽きると言えよう。

♛ 異教徒(pegan)は「田舎者」を意味する侮蔑語

イスラームではアイユーブ朝のサラーフ・アッディーンが現れ、1187年にエルサレムを再奪還する。彼はヨーロッパの人々からサラディンと呼ばれており、真の勇者として認められていた徳のある人物であった。エルサレムが再奪還された時、キリスト教徒たちは全員が斬首されると思っていたが、実際はそうではなく、無用な殺傷は一切行われなかった。

そもそも、キリスト教とイスラーム教を比較した時に「どちらが優れた宗教であるか」などというのは愚問であるが、他宗教に対する態度や姿勢を比べれば、明らかにイスラーム教の方が寛容であった。どちらも一神教であるが、キリスト教が「異教徒」と蔑視するのに対して、イスラーム教徒はそれを「啓典の民」と称し、支配下にあるキリスト教徒やユダヤ教徒はジズヤという人頭税を納めればジンミー（庇護民）としての信仰生活が保障されていた。

これら3つの宗教の共通の聖典が旧約聖書であるというのが基盤になっているが、イスラーム教徒は仏教徒やゾロアスター教徒なども啓典の民の対象としていた。英語で「異教徒」はpaganまたはheathenで表すが、どちらも「田舎者」や「教養のない者」が語源で、相手を見下した単語である。

第3回花の十字軍

エルサレムが再奪還された知らせを聞いてから2年後の1189年から3年間にわたる第3回目の十字軍遠征が行われる。ローマ・カトリック教会の教皇グレゴリウス8世の聖地再奪還のための十字軍結成の呼びかけに、イングランド王リチャード1世（獅子心＝Lion Heart）、フランス王フィリップ2世（尊厳王＝Auguste）、神聖ローマ皇帝フリードリ

ヒ1世（赤ひげ王＝Barbarossa）が応じた。俗に「花の十字軍」とも呼ばれているが、当時はイングランドとフランス、フランスとドイツはそれぞれ敵対関係にあったので、別々に聖地に向かうことになる。

👑 赤ひげ王の「赤」と語源が同じ「ルビー」「さび」「風疹」

Barbarossa（バルバロッサ）は「赤い（rossa）あごひげ（barba）」が語源で、barbaは**「理髪師」のbarber**の基になっているのは既習事項だが、rossaは**red(赤)**と同語源で、ラテン語のruberが語源だ。**ruby(ルビー)**、「ほお紅」の**rouge（ルージュ）**、**rust(さび)**、**rusty(さびた)**、**ruddy(血色のよい)**、赤い発疹を伴う**rubella(風疹、三日麻疹)**も同語源だ。

まず、フリードリヒ1世は現在のトルコ南部の地中海に面したキリキアの川を渡っている時に、鎧をつけたまま落馬し、溺死したため部隊は途上で帰国を余儀なくされる。一方、残るイングランドとフランスの2つの部隊は聖地エルサレムの手前のアッコンの奪還に成功する。

ところが、ここでフランス王フィリップ2世は体調不良を理由に帰国してしまう。実はこれは仮病で、エルサレム奪還のメリットと国内の軍隊の犠牲というデメリットを両天秤にかけた上での判断によるものと言われている。

最後に残ったイングランド王リチャード1世はエルサレムに向かうも、城壁を固めている最強のサラディン軍を目の前にすると、彼らに勝利することは到底不可能であると判断し、最終的に話し合いを通して休戦協定を結ぶことになり、遠征は失敗に終わる。

「悪名高き十字軍」と揶揄される第4回目（1202〜1204年）の十字軍は、主にフランスの諸侯とヴェネツィア商人を中心に結成され、ローマ教皇インノケンティウス3世の呼びかけにより遠征が実施される。当時、「教皇は太陽、皇帝は月」と言われており、教皇権が絶頂期を迎えていた時期であった。

　教皇は聖地エルサレム奪還は難しいと判断し、目的をイスラームの本拠地であるエジプトのカイロ攻略とする。この時点で、十字軍の本来の意義は完全に失われていた。当時、東方貿易をほぼ独占していたヴェネツィア商人たちは十字軍の輸送を請け合うことになったが、商人たちに支払う輸送費が不足していた。そこで十字軍は、同じキリスト教国のハンガリーの都市を攻撃するが、これを理由に教皇から破門されてしまった。

　かねてより、ヴェネツィア商人たちは貿易がらみでビザンツ帝国との間に確執があった。軍隊は艦隊費用を肩代わりしてくれたヴェネツィア商人のために、聖地奪還という目的をビザンツ帝国のコンスタンティノープル攻撃に変更することになる。そして十字軍は上陸するとコンスタンティノープルをあっという間に陥落させ、フランドル伯ボードアンが皇帝となり、ラテン帝国（1204〜1261年）を建国する。

♛ 教皇インノケンティウスは無邪気（innocent）だった

　ビザンツ帝国が一時的に消滅し、東西の教会が統一されたことで、教皇インノケンティウス3世は軍隊の破門を解き、これを祝福したという。なんて無邪気なインノケンティウス（Innocentius）教皇！　その名の由来は英語の**innocent**

（無邪気な、だまされやすい、罪のない）だ。

　しかし、1261年に、ミカエル8世パレオロゴスがコンスタンティノープルを奪還することでビザンツ帝国は復興する。これで、形式上はその後も約200年は続くが、実質的にはこの時点で滅亡したとする歴史学者も多い。十字軍はその後も続けられるが全て失敗に終わり、1291年に最後の砦であったアッコンが陥落し、十字軍遠征は完全に終了することになる。

　第4回目の十字軍遠征後の1212年、フランスやドイツでは神の啓示を受けた少年が現れ、少年少女たちに呼びかけ、いわゆる「少年十字軍（Croisade des enfants）」が結成された。北フランスでは羊飼いの少年エティエンヌが中心となって結成された十字軍には数千人の少年少女と多くの大人も加わっていたとされるが、マルセーユ港から出航した7隻の船のうち、途中2隻は難破し、残りの5隻の子供たちも奴隷商人によってアレキサンドリアで奴隷として売り飛ばされたと言われる。

　ドイツでもニコラウスという10歳の少年を中心とする十字軍がイタリアのヴェネツィアを目指し、アルプスを越えてローマにたどり着くも、教皇インノケンティウス3世に阻止され、故郷へ引き返す。しかし無事に戻れた者はごく少数であったと言われる。

ハーメルンの笛吹き男と失踪した子供たちの行方

　グリム童話『ハーメルンの笛吹き男（The Pied Piper of Hamelin）』の話をご存じだろうか。

　かつて、ドイツのハーメルンという町でネズミが大量発生し、住民が困り果てていた。そこにまだら模様の服を着た奇

妙な男が一人やってくる。男は住民たちと取り引きをし、金貨1袋と引き換えにネズミを退治するという提案をすると、住民たちもこれに同意する。

男は笛を取り出し、それを吹くと町中のネズミたちが飛び出し、男の周りに集まる。男が笛を吹きながら町を歩くとネズミたちも後について行進し、川まで誘導されたネズミたちは1匹残らずおぼれ死ぬ。

ネズミ退治に成功した男は金貨を要求する。だが、いとも簡単に片付けられてしまったために、住人たちは報酬を惜しみ支払いを拒否してしまう。腹を立てた男は「それならば、おまえたちの大切なものを代わりにいただこう」という捨てゼリフを残して、その場を立ち去る。

翌朝、住人たちが教会にいる間に、男が現れ再び笛を吹くと、今度は子供たちが町の家々から出てきて、男の後について行く。そして、彼らは町はずれの山にある洞窟の中へ消えていくと二度と姿を見せることがなかった、という物語である。

この物語は1284年6月26日、ドイツのハーメルンで実際に起こったことを基に作られたものである。町の中心部にある「舞楽禁制通り」は、かつて笛吹き男と子供たちが通った道である。当時の事件を悼む気持ちから市民たちは、祭りや結婚式の時でも、この道では音楽や踊りを控え、静かに歩くこととされている。

この習慣はグリム童話が書かれた19世紀にはすでにあったとされている。旧市街の中心にあるマルクト教会は1950年代に再建されたものであるが、1300年頃の改築の際には、笛吹き男による130人の子供たちの失踪事件をモチーフにしたステンドグラスが設置されていた。その後1660年に破壊

されてしまうが、多くの歴史書にその記録が残されている。

　ステンドグラスには、「1284年、聖ヨハネとパウロの記念日6月26日、色とりどりの衣装で着飾った笛吹き男に130人のハーメルン生まれの子供らが誘い出され、コッペンの近くの処刑場でいなくなった」という説明文が添えられていたという。コッペンとは古ドイツ語で「丘」の意味であるが、具体的にどの丘であるかはわかっていない。1592年に描かれた『最古の笛吹き男の水彩画』はかつてのステンドグラスを模写したものだと言われている。

👑 笛吹き男の正体の語源

　笛吹き男とは一体何者なのか、子供たちはなぜ失踪してしまったのか。これについては諸説あるが、少年十字軍説と東方移民説が有力視されている。少年十字軍については前述の通りだが、13世紀のドイツは、農業生産の向上に伴い人口が急増する時代であった。小麦の生産地であったハーメルンも人口増加に伴い、家を継ぐのは長男のみで次男坊や三男坊は、現在のポーランドやハンガリーなどの東方地域の国に職を求めて移住することを余儀なくされていた。

　東方植民については本章で解説済みだが、諸侯や騎士たちは東方の植民事業に必要な労働力の確保をロカトールと呼ばれる人たちに委ねていた。

　このロカトールが笛吹き男の正体であったとする説は説得力があるように聞こえる。実際、この東方移民説はハーメルン市の公式見解にもなっている。

「ロカトール」は、そのまま英語で表せば、locator（位置情報を探す人）となるが、local（その土地の）、locate（位置を突き止める、見つける）、location（位置、場所）、locality（地方、

地域)などと同系語である。locomotiveは「場所を動かす」
が原義の「機関車」で、「蒸気機関車」のSL（エス・エル）は
steam locomotiveの略だが、もちろん和製英語である。

　約200年に及ぶ十字軍遠征で得られたものはほとんどなく、
失われたものばかりであった。なかでも大きな損失は、神の
加護により、聖地エルサレムを奪還し、領地を広げることが
できると力説していた教皇や司祭たちに対する信頼、ひいて
は教会自体に対する信頼であった。
　唯一メリットを挙げるとするなら、カトリック教会という
西ヨーロッパの狭い地域に住んでいた人たちの目が外部と
の接触によって外に向けられるようになったこと、国や宗教
にとらわれない価値観を持つ始まりとなったことであろう。
この世界観がのちのイタリアルネサンスにつながっていく
ことになる。

第5章
ルネサンス

神中心から人間中心の時代へ

　ヨーロッパ中世は、しばしば「暗黒の時代（the Dark Ages）」とも称される。きらびやかなる西ローマ帝国の滅亡後、経済や文化が停滞した時代であった。

　urban（都市の）という単語はローマ時代に建設された都市がurbanus（ウルヴァヌス）と呼ばれていたことに由来する。urbaneは「都会風の、洗練された」ことを表し、古代ローマ時代にノスタルジー（nostalgia）を感じさせる語である。

♛ ノスタルジーの語源は「帰郷＋苦痛」（ホームシック）

　nostalgia（郷愁）はギリシャ語で「nostos（帰郷）＋algia（苦痛）」が語源で、異郷にいて故郷を懐かしむ気持ち、つまり、homesicknessのことだ。algia（苦痛）は医学用語で、neuralgia（神経痛）、arthralgia（関節痛）、analgesia（無痛覚）などの語を作る。

　中世は、キリスト教中心の時代で、「個人の自由」という意識は存在せず、教会が絶大な権力を握っていた時代でもあった。だが、中世後半にかけて行われた十字軍遠征の失敗により、ローマ教皇の権力が低下し、教会の影響が薄れていく中で、14世紀に大流行したペストなども、教会に対する不信感をさらに増長させることになる。

商人や一般民衆も多く参加した十字軍遠征によって、イスラーム圏との交易も始まり、物の行き来が盛んになることで都市が繁栄し、市民階級が台頭していく。外の世界を知るようになった民衆たちは、それまで教会や聖職者たちが言っていたことに疑問を抱くようになり、それまでの教会中心の価値観から個性を重んじる人間中心の価値観の時代へ移っていくことになる。

♛ ルネサンスとは「再び生まれ変わること」

　このような時代背景から、14世紀頃にイタリアのフィレンツェを中心に始まったのが「ルネサンス（Renaissance）」だ。しばしば日本語では「文芸復興」と訳されるが、要はギリシャ・ローマの古典文化や芸術を復興させようとする運動のことだ。人間味あふれる神々が登場する古代ギリシャやローマ時代の古典文化を学び直すことで、キリスト教以前に人間が人間らしく生きていた時代を取り戻すための運動であり、神中心の世界から人間中心の世界に変えていこうとする意識変化の時代である。

　Renaissance（ルネサンス）という言葉はラテン語で「生まれ変わる」という意味のrenascereに由来し、「re（再び）＋nasci（生まれる）＋ance（こと）」が語源だ。

♛ gene（生まれる、種）から生まれた英単語

　naive（純真な、だまされやすい）、native（その土地に生まれた〈人〉）、nature（自然）、natural（自然な）、nation（国家、国民）、national（国家の）、nationality（国籍）、innate（生まれつきの）などが同系語で、これらの単語は印欧祖語で「生まれる」「種」という意味のgeneにさかのぼる。

geneは「遺伝子」、形容詞形geneticは「遺伝子の」、gender（ジェンダー）は生まれる時に定められた「性（の区分）」、generateは「生み出す、作り出す」、名詞形generationは「世代」、geniusは生まれ持った「才能」や「天才」、gentleは生まれや育ちがよいことから「優しい、穏やかな」、genialは生まれつき「愛想のよい」、generousは生まれつき「寛容な」「気前のよい」、pregnantは「生まれる前」から「妊娠している」となる。

その他、genesisは「起源」「発生」で、Genesisと大文字なら『旧約聖書』の「創世記」。genre（ジャンル）は「種類、類型」、generalは「全種族の」から「全体的な」「一般的な」、副詞形generallyは「一般的に」、genocideは「種族を切る（cide）」から「大量虐殺」、genuineは「純種の」から「本物の」などの意味になる。

ルネサンス期の三大発明

北イタリアの港湾都市ヴェネツィアやジェノヴァは東方貿易の中継地点として、香辛料や金銀など高価な交易品によって巨万の富を得て、自治都市として発展していた。内陸部のフィレンツェも毛織物の交易や金融の中心地として栄えていた。

なかでも、メディチ家という大富豪の一族はローマ教皇レオ10世の保護下で、ルネサンス芸術の強力なスポンサーとなっていた。13世紀に東地中海で興ったオスマン帝国はビザンツ帝国を圧迫し始め、1453年にはコンスタンティノープルの陥落によりビザンツ帝国が滅亡する。その間、ギリシャにいた多くの学者や知識人たちは文献を携えて北イタリアに避難していた。彼らはメディチ家などの富豪の援助を受けて、語学学校を立ち上げ、ギリシャやローマの文化を伝えること

で、ルネサンス運動を盛り上げる原動力となった。

♛ 三大発明を英語で答えられますか

　イタリアで始まったルネサンスは北ヨーロッパの国々にも広がる。15世紀末から最盛期を迎え、近代ヨーロッパへの移行期の始まりとなった。さらに、この時代は「**火薬（gun powder）**」「**羅針盤（compass）**」「**活版印刷（printing）**」の、いわゆる「**三大発明（the Three Great Inventions）**」の時期とも重なり、これらが絡み合って、ルネサンス運動を押し上げていった。

　これら3つは基本的には中国・宋の時代に発明され、イスラーム商人たちによってヨーロッパにもたらされたもので、厳密にいえば、「改良」であるが、当時のヨーロッパ社会に与えた影響は絶大なものであった。

　羅針盤の発明は遠洋航海を可能にすることで大航海時代へとつながり、商人たちが台頭することになる。教会の聖職者たちは、自らが書写した聖書を庶民に読み聞かせることで役割を果たしていたが、活版印刷の発明によって庶民自らが聖書を読めるようになったことで、聖職者の存在の必要性が薄れていく。

　火薬によって、大砲や鉄砲が発明されると、戦争の主役は騎士や騎兵から鉄砲を持った歩兵に代わり、軍事革命をもたらし、騎士たちの没落を早めることになった。ビザンツ帝国の首都コンスタンティノープルが陥落した際も大砲が重要な役割を果たし、新大陸発見後のコルテスやピサロなど悪名高きコンキスタドール（征服者）たちによる征服も火砲により行われた。

♛ 火砲(artillery)、芸術(art)、記事(article)に共通する意味

「火砲」とは、鉄砲や大砲など火薬を使用する武器を総称する言葉で、英語では、artilleryといい、ラテン語で「つなぎ合わせるもの」を表すarticulumに由来する。

artは「つなぎ合わせたもの」が原義で、「芸術」や「技術」の意味になり、「芸術」の意味の派生語はartistic(芸術的な)とartist(芸術家)、「技術」の意味の派生語はartificial(人工的な)とartisan(熟練工、職人)となる。

さらに、articleは「(文を)つなぎ合わせた小さなもの」から「記事」、「つなぎ合わせて作った小さなもの」と考えれば「品物」、「単語をつなぐもの」なら「冠詞」などの意味になる。articulateは「つなぎ目をつける」から形容詞で「明確な」、動詞で「ハッキリ言葉で述べる」、arthritisは「つなぎ目の炎症」から「関節炎」という医学用語になる。

ルネサンス期の文学

ルネサンスという個性を重視する社会では、個人に焦点が当てられるので、中世では考えられなかった個性的な才能を持った人たちがたくさん現れることになる。

まず、文学の世界ではイタリア・ルネサンスの先駆的な存在となる『神曲(the Divine Comedy)』で知られるダンテ(1265～1321年)だ。

ダンテはイタリア文学最大の詩人であり、政治家でもあった。当時、知識人の間ではラテン語で書物を書くことが一般的であったが、彼は現地の一般庶民が話していたトスカーナ語を使って書いていた。彼がルネサンス先駆者と言われる所以がここにある。

♛ 煉獄（purgatory）は魂を pure にするところ

　「地獄編」「煉獄編」「天国編」の３部で構成される『神曲』は、1300年にダンテ自身が生きたまま地獄に導かれるところから始まる。地獄編では、ベアトリーチェが遣わした古代ローマの詩人ウェルギリウスに案内されながら様々な歴史上の偉人との出会いを通して、地獄の恐ろしさを体験しながら脱出する。次の煉獄でも、ダンテは様々な偉人と出会い、「愛とは何か」「罪とは何か」を考えながら天国に向かって進み続ける。

　そして、煉獄最後の場所である楽園でウェルギリウスと別れ、永遠の淑女ベアトリーチェに出会う。彼女はダンテが幼い頃から思いを寄せていた女性で、24歳の若さでこの世を去った人だ。

　ダンテはベアトリーチェらに天国を案内されて、多くの偉人や聖人たちと出会い、「神とは何か」を考えながら、最後に白いバラの花が咲き、筆舌に尽くしがたいほどの神々しさが感じられる天国の最上層にたどり着き、物語が終わる。

　ダンテは『神曲』を通して、この世の全ては神の愛によるものであることを伝えている。ルネサンス運動は民衆の教会に対する不信感が一因になっているが、彼は必ずしもキリスト教を否定しているわけでないことが、この作品から読み取れる。

　英語で「煉獄」はpurgatoryで、前世で犯した小さな罪を浄める場所が原義だ。pure（純粋な、純潔な）、purify（清める）、purity（純粋さ）、Puritan（清教徒）、pour（注ぐ）、pious（信心深い）、purge（追放する、清める）なども同系語である。

♛ night（夜）の語源となった女神

　ジョヴァンニ・ボッカチオ（1313〜1375年）の物語集『デカメロン（Decameron）』はダンテの『神曲（the Divine Comedy）』に対して、「人曲（the Human Comedy）」とも呼ばれているが、日本ではギリシャ語源の「deca（10）＋hemera（日）」から「十日物語」とも訳される。

　「ヘメラ（Hemera）」はギリシャ神話では「昼間の女神」で、「夜」の女神「ニュクス（Nyx）」の娘だ。ニュクスは**night（夜）、nocturnal（夜行性の）、nocturne（夜想曲）**の語源になった女神である。

　『デカメロン』は、14世紀中頃に大流行したペストから逃れるためにフィレンツェ郊外の別荘に引きこもった男女10人が退屈しのぎに話をする形式で進められる。10人がそれぞれ10日間にわたって10個の話をする合計100話の物語で、内容は滑稽な喜劇が中心だが、恋愛、悲劇、冒険などの多岐にわたり、人間らしさが凝縮された物語だ。

ルネサンス期の芸術

　美術界では、サンドロ・ボッティチェリ（1444〜1510年）の『ヴィーナスの誕生（the Birth of Venus）』（1486年頃）と『プリマヴェーラ（Primavera）』（1482年頃）が特に日本では有名で、美術の教科書などで一度は目にしたことがある作品だろう。

　『ヴィーナスの誕生』は、左に西風の神ゼピュロス（Zephyrus）と彼に抱えられた妖精ニンフのクロリス（Cloris）、中央に海に漂うホタテ貝の上に立つ裸のヴィーナス、右に裸のヴィーナスの身をくるむためのマントを持つ時と季節の女神ホーラ（Hora）、という3つの部分から構成さ

ボッティチェリの『ヴィーナスの誕生』

れ、左から右へ時間が流れる構図となっている。海の泡から生まれたヴィーナスが西風に運ばれてキプロス島にたどり着くまでの一連の過程が、この絵に描かれている。この話はギリシャ神話によるものだ。

　ローマ神話のヴィーナスは、ギリシャ神話ではアフロディテ（Aphrodite）である。彼女は大地の女神ガイアと初代天空の支配者ウラノスとの間に生まれた娘だ。ウラノスは、生まれてきた子供が醜い巨人であることを知ると彼らを奈落の底に閉じ込めてしまったため、妻のガイアは息子のクロノスと共謀してウラノスへの復讐を企てる。

　クロノスはガイアから授かった鎌でウラノスの男根を切り落とし、それを海に投げ込む。神は不死身なので、体の一部である男根は海の中で生き続け、やがて、その男根の周囲から泡が生じて、アフロディテが生まれたという神話だ。ギリシャ語で、aphrosといえば「泡」のことだ。

♛ hour（時間）の語源になった時の女神

西風の神ゼピュロスは春に風を吹かせることで動植物をはらませる。ニンフのクロリスはローマ神話ではゼピュロスの妻フローラ（Flora）で、春と花の女神になる。アフロディテは美と愛と豊穣の象徴であり、ホーラは季節が規則正しく訪れるように植物の成長を見守る時の女神で、「**時間**」のhourの語源になっている。

♛ クロロフィルと塩素（chlorine）の共通点は「黄緑色」

ニンフのクロリスの英語表記はClorisだが、これはギリシャ語で「黄緑色」のKhlorisがラテン語のChlorisを経由して英語に借入されたものだ。

chlorophyll（クロロフィル）は語源が「chloro（黄緑色）＋phyll（葉）」であることから「葉緑素」とも言われる。 野菜や海藻などにある緑色の色素で、体内の不要な物質を排出する働きをする物質だ。

「クロレラ（chrorella）」の語源は、ギリシャ語のchlor（緑色の）とラテン語のella（小さなもの）から成る。クロレラはクロロフィルや良質のタンパク質を含む植物性のプランクトンで、1890年にオランダの微生物学者バイリンクによって発見、命名された。

プールの消毒などに使われる「**塩素（chlorine）**」は薄い黄緑色の気体だが、語源は「chlor（黄緑色）＋ine（物質）」。「**クロロフォルム（chloroform）**」の語源は「chlorine（塩素）＋form（蟻酸）」で、かつては全身麻酔薬として使われていた時代もあるが、臓器毒性が強いため現在では医薬品としては使われていない。サスペンスドラマでよく見られた、クロロフォルムをハンカチに染み込ませて口に当てて眠らせるよう

なことは絶対にあり得ないそうだ。

♛ 「胆汁」から生まれたコレステロール、コレラ、メランコリー

肝臓で生成される胆汁はアルカリ性の液体で、食べ物の消化を助ける働きがあり、色は黄色で、酸化することによって黄緑色や茶色に変色する。

「胆汁」はギリシャ語で、khole。動脈硬化などの原因になると言われる「**コレステロール（cholesterol）**」はギリシャ語の「khole（胆汁）＋ steros（硬い）＋ol（物質）」に由来する。

古代ギリシャでは、人間の体は血液、粘液、黄胆汁、黒胆汁の４つの液体的要素から成り立ち、人間の健康状態や気質は、この４つの要素のバランスと風土との関係で決定づけられると考えられていた。「**コレラ（cholera）**」は黄胆汁によって起こる急性腸炎、「憂鬱」の「**メランコリー（melancholy）**」の語源は「melan（黒）＋choly（胆汁）」で、黒胆汁が原因だと考えられていたことによる。

♛ glで始まる「輝く」意味を持つ英単語

以上、chlorophyll / chlorella / chloroform / cholesterol / cholera / melancholyなどの語は、印欧祖語で「輝く」という意味のghelにさかのぼり、glで始まる多くの英単語を作り出す。

gold（金、ゴールド）、**glitter**（輝く）、**glass**（ガラス）、**gloss**（つや、グロス）、**glow**（輝き、輝く）、**glance**（チラッと見る）、**glimpse**（チラリと見る）、**glare**（ギラギラ輝く、にらみつける）、**glaze**（〈陶器などに〉うわ薬をかける）、**glimmer**（かすかに光る）、**gleam**（キラリと光る）、**glisten**（〈ぬれた表面が〉きらめ

く)、glint(キラッと光る)などは全て輝くイメージだ。

さらに、形容詞のglad(うれしく思う)も同様で、結果が気がかりだった試験で合格を知った時、"I'm glad to hear the news.(その知らせを聞いてうれしい)"のように使われる。gladは、ホッとして目の前が明るくなったようなニュアンスを持つ単語だ。

同様に、男性から成る合唱団のグリークラブ(glee club)のgleeには「大喜び、歓喜」の意味があり、gloat(ほくそ笑む)の同系語である。

ボッティチェリの『プリマヴェーラ(Primavera)』は日本では『春』とも訳されている。イタリア語で「春」の意味で、ラテン語で「最初の春」を意味するprima veraが語源である。イタリアオペラの「プリマドンナ(prima donna)」は「第一の女性」の意味で、英語で表せば、first ladyだ。英語のvernalはラテン語由来で「春の」という形容詞になり、vernal

ボッティチェリの『プリマヴェーラ』

equinoxなら、昼と夜の長さが同じ時間になる「春分」だ。

　絵の右から、西風の神ゼピュロスと妻のニンフ・クロリス、その横に、クロリスが変身したローマ神話の花の女神フローラ、中央には赤いマントをまとったヴィーナス、その頭上に息子のキュピッド、ヴィーナスの左には美の三女神、そして一番左に神々の使者であるメルクリウスがいる。

　その他、たくさんのオレンジや様々な花が咲き乱れる様子は、春という喜びの到来を装飾的に描いており、まさに「ルネサンスの春」を物語っているといえよう。

　なお、フリマアプリの「メルカリ」は、ローマ神話の「商業」の神でもある「メルクリウス（Mercurius）」に由来し、ギリシャ神話では「ヘルメス（Hermes）」に相当する。ヘルメスはフランスの高級ブランド、エルメス（Hermes）の基になっている。

「ボッティチェリ（Botticelli）」はイタリア語で「小さな樽（Botticello）」の意味で、質屋を営んでいた彼の兄ジョバンニが小太りの体型であったことから付けられたあだ名が通称になったものだ。

　英語のbottle（ボトル、ビン）も同じラテン語源で、「buttis（樽）＋le（小さいもの）」に由来する。「ボトルネック（bottleneck）」という言葉は「ビンの首」が原義で、「狭くなって通りにくい道」から「障害」の意味で使われる単語だ。「バンドウイルカ」は、鼻がビンの先に似ていることから、bottle-nose dolphinと呼ばれる。

　三大巨匠と呼ばれるレオナルド・ダ・ヴィンチ（1452～1519年）、ミケランジェロ（1475～1564年）、ラファエロ

（1483〜1520年）が活躍した15世紀末から16世紀初めの約30年間はイタリア・ルネサンスの芸術が最高に達する「**盛期ルネサンス（High Renaissance）**」と呼ばれる。

　レオナルド・ダ・ヴィンチの『最後の晩餐』や『モナ・リザ』、ミケランジェロの『ダヴィデ像』や『天地創造』『最後の審判』、ラファエロの『聖母子像』などがこの時期を代表する作品である。

最後の晩餐の謎

　レオナルド・ダ・ヴィンチは主に画家や彫刻家として活動したが、美術以外にも科学者・技術者・哲学者など様々な分野で秀でた才能を発揮したルネサンスを代表する「万能人」だった。「万能人」はイタリア語で、uomo universale、英語ならuniversal manだ。

　ここでは彼の代表作品『最後の晩餐』を取り上げたいと思うが、この作品を解説する前に、『旧約聖書』「出エジプト記」の「過越の祭り」について簡単に触れておこう。

　「過越の祭り」とは、ユダヤ人の祖先であるイスラエルの民が奴隷の身から解放され、預言者モーセに率いられてエジプトを脱出したことを祝う、1週間続くユダヤ教の祭日のことである。

　神は災いの一つとして、エジプト中の初子を皆殺しにしようとするが、モーセには「家の扉に赤い印がない家に、その災いをもたらす」と伝える。モーセは、イスラエルの民に、家の門口に子羊の血を塗るように指示を出す。すると、神は彼らの家だけは過ぎ越し（passover）、イスラエルの民の初子は全員救われる、という話である。

エジプト脱出の途上は、時間がなかったために無発酵のパンを食べていたことから、この祭日には、無発酵のパン、苦汁、子羊などを食べるのが習慣となっている。

　イエスが逮捕され十字架にかけられる前夜の食事は、イエスにとっても十二使徒にとっても最後の食事であったことから『最後の晩餐』と呼ばれる。『新約聖書』の「福音書」では、『最後の晩餐』は過越祭の食事と結び付けられている。つまり、門口に塗られた子羊の血がイスラエルの民の罪を贖ったように、イエスの十字架刑による死が人々の罪を贖うための死であることが示されている。

　「弟子たちはイエスが命じられた通りにして、過越の用意をした。夕方になって、イエスは十二弟子と一緒に食事の席につかれた。そして、一同が食事をしている時言われた、"特にあなた方に言っておくが、あなた方のうちの一人が、私を裏切ろうとしている"。弟子たちは非常に心配して、次々に"主よ、まさか、私ではないでしょう"と言い出した。イエスは答えて言われた、"私と一緒に同じ鉢に手を入れている者が、私を裏切ろうとしている。たしかに人の子は、自分について書いてある通りに去っていく。しかし、人の子を裏切るその人は、災いである。その人は生まれなかった方が、彼のためによかったであろう"。イエスを裏切ったユダが答えて言った、"先生、まさか、私ではないでしょう"。イエスは言われた、"いや、あなただ"」

　これは『新約聖書』の「マタイによる福音書」第26章19〜25節だが、レオナルド・ダ・ヴィンチの『最後の晩餐』には、「あなた方のうちの一人が、私を裏切ろうとしている」とイエスが言った時の弟子たちが動揺している場面が描写されて

レオナルド・ダ・ヴィンチの『最後の晩餐』

いる。

この作品は、1495〜1498年にかけて、ミラノにあるサンタ・マリア・デッレ・グラッツィエ修道院の食堂の壁に描かれたもので、彼以前にも様々な『最後の晩餐』の絵が著名な画家たちによって描かれている。その多くは、裏切者のユダだけがテーブルの手前に描かれているものや、イエスを中心にテーブルを囲む十二使徒のうち、ユダだけに光背（輪）がないものなど、ユダと他の弟子たちを区別する形で描かれている。

しかし、レオナルド・ダ・ヴィンチの作品はユダを区別せず、13人を一列に並べていることに大きな特徴がある。ユダの居場所を鑑賞者に探させることで、絵の中で展開されている心理ドラマに巻き込む効果を狙ったものだ。

絵をよく見ると、イエスの口元が少し開いているのがわかる。「この中に裏切者がいる」とイエスが言った瞬間を捉えたものだ。

イエスは右手を皿に伸ばしている。そして同じ皿に左手を伸ばしている男が見える。この場面から、この男がイエスを裏切ったユダであることがわかる。

さらに、ユダが右手に握っている袋の中に裏切り行為の報酬である銀貨30枚が入っていることを鑑賞者に想像させている。

♛ 遠近画法における「消失点（vanishing point）」の語源

ダ・ヴィンチの描いた『最後の晩餐』は、「**遠近法（perspective）**」を用いたことで、他の類似作品に例を見ない独特な構図となっている。遠近法とは絵画で距離感を表現する方法の一つで、手前のものから奥に遠ざかるにつれて小さく見せる図法だ。

たとえば、電車の先頭車両の一番前に立って運転士と同じ視線で線路を見た時に、実際には2本のレールは、どこまでも平行だが、遠くの一点で交わるように見える。この一点は遠近画法における「**消失点（vanishing point）**」と言われる。

ダ・ヴィンチの『最後の晩餐』では、消失点がイエスの右頬に位置しており、鑑賞者の視線が自然とイエスの顔に向けられるような構図で描かれている。イエスを中心に、左右完璧なシンメトリーの形になっており、左右に6人ずつの弟子を配置し、さらに3人ずつのグループにまとめることで均整のとれた構図にもなっている。

vanish（消える）の語源は「van（空に）＋ish（する）」で、ラテン語のvanescere に由来し、vain ／ vanity ／ vacuum ／ vacation ／ vacant ／ vacancy ／ evacuate ／ void ／ avoid ／ devoid ／ vast ／ devastate ／ want ／ wanting ／ wane ／ wasteなどが同系語だ。

vainは「空（から）の」から「無益な」「無駄な」、名詞形**vanity**は「空虚」「むなしさ」「虚栄」、**vacuum**は「真空」「空白」、

vacationは何もしない状態から「休暇」「休み」、vacantは誰もいないことから「空いている」「空席の」、名詞形vacancyは「空室」「空席」、evacuateは空にして外に出るから「避難させる」となる。

voidは「空の状態」から「空虚感」「喪失感」、avoidは「空の方へ」から「避ける」、devoidは「空にして離れる」から「欠いている」。vastは遮るものが何もない状態から「広大な」、devastateは「完全に空にする」から「完全に破壊する」となる。

やや形は異なるが、wantは「欠けている状態」から名詞で「欠乏」「不足」で、欠乏している部分を埋めたいという願望の気持ちから動詞で「欲しい」、形容詞形のwantingは「欠けている」「足りない」となる。waneは月が「欠ける」や「衰える」、wasteは空の状態にするから「浪費（する）」などの意味になる。

👑 フレスコ画のフレスコはフレッシュ（fresh）に由来

ダ・ヴィンチの『最後の晩餐』には一つ大きな欠点がある。それは壁画に適した「フレスコ画」の技法を用いなかったことだ。「フレスコ画」の語源はイタリア語のfrescoで、英語のfresh（新鮮な）、freshman（新入生）、freshwater（真水の）、refreshing（清々しい）、refreshment（元気回復、軽食）などと同系語だ。

壁に塗った漆喰やモルタルが乾かないうちに、水で溶いた天然の顔料で描く手法である。壁が乾燥する過程で顔料を塗ると、顔料が閉じ込められて美しい色を出し、いったん乾くと水に浸けてもにじむことがなく、その耐久性に特徴がある。ただし、この画法はモルタルや漆喰が乾かないうちに描かなければならないので、敏速かつ熟練した技術を必要とし、塗り重ねや描き直しができないという欠点がある。

完璧主義者であり、遅筆でも知られていたダ・ヴィンチは
フレスコ画を嫌い、時間的に自由度の高い「テンペラ技法
（tempera）」を選ぶわけだが、これがのちに大きな問題の原
因となってしまう。

♛ テンペラ、気質(temper)、気温(temperature) の共通点は「混ぜ合わせること」

「テンペラ（tempera）」はイタリア語やラテン語で「混ぜ
合わせる」という意味のtempererareに由来し、顔料を卵や膠
と混ぜ合わせた絵具を乾いた漆喰やモルタルに塗る技法で
ある。

　人間の健康状態や気質は４つの液体から成り立っている
と考えられていたことは解説済みだが、この４つが混ぜ合わ
さった状態が**temper(気分、気質)**であり、うまく混ぜ合わさ
った状態が**temperate(節度のある、温暖な)**となる。
temperature（温度、気温）は、混ぜ合わさった状態が健康に
及ぼすものが原義である。**distemper(ディステンパー)**は主
に犬に多く見られる感染症である。

　テンペラ技法の欠点は温度や湿度の変化に弱いことで、そ
もそも壁画の場所が湿気の多い食堂にあったことに大きな
問題があった。完成後20年ほどで、絵具が剥落し、黒カビで
覆われてしまい、何度も修復作業が行われる。

　しかし、その後も二度の大洪水で壁画全体が水浸しになっ
たり、18世紀末にナポレオンがイタリア遠征をした時代には、
食堂が馬小屋として使用されるという劣悪な状態にさらさ
れた。さらに、第二次世界大戦では米軍による空爆も受け、
奇跡的に被災を逃れるも、３年間も屋根のない状態が続いた。

　現在見ることができる『最後の晩餐』は1977〜1999年にか

けて行われた修復作業によるものであり、イエスの口が開いていることがわかったのも、この修復の時のことで、消失点の印となる釘の跡があることも判明している。

　1652年には食堂と奥にある厨房をつなぐために、壁画の一部を扉に造り替えてしまうという愚行もあった。その際、テーブル中央下にあるべきイエスの足元の絵は失われ、その後、扉が塞がれた後も黒く塗られたままになっている。

天地創造と最後の審判に隠されたメッセージ

　ミケランジェロの『天地創造』と『最後の審判』は共にバチカン市国のシスティナ礼拝堂内に描かれたものだが、前者は天井画、後者は祭壇後方に描かれた壁画である。バチカン市国はローマの中にある世界最小の国である。ミケランジェロは『天地創造』を描いてから20年以上を経て、60歳の頃に『最後の審判』に取りかかっている。

　『最後の審判』という言葉はキリスト教における最も重要な概念である。キリスト教には、世界および人類は天変地異や戦争などによって破滅する運命にあり、世界の終わりにイエスが地上に再臨するという教えがある。そして、全人類が生前の行いをイエスによって審判され、天国行きか地獄行きかが決められるという信仰がある。

　また、地上に再臨したイエスが、信仰を守って殉教した聖人たちと共に一千年間、この世を統治したのちに終末を迎えるという終末論もある。

　この一千年間は「至福千年」または「千年王国」などとされる。これはmillennium（ミレニアム）と呼ばれ、ラテン語の「mille（千）＋annus（年）」が語源。「千年祭」や「千年間」が原義で、遠い未来の「平和で幸福な時代」の意味でも使わ

れる。

　かつて、イエスが昇天した千年後に終末を迎えると信じられていたことから、西暦1000年頃から『最後の審判』をテーマにした絵画が多く描かれることになるが、その中でもミケランジェロの『最後の審判』が最も有名である。

「紀元前」のB.C.は、Before Christの略で「イエス生誕以前」が原義。「西暦」や「紀元」のA.D.はラテン語のAnno Domini（主の年）、つまり、「イエスが生まれた年」が語源である。

👑 アニバーサリーが年金（annuity）と同じ語源なわけ

　anniversaryは「ann（年）＋vers（回る）＋ary（こと）」から、年に1回巡ってくる「記念日」、centennialは「百年祭」、bicentennialは「二百年祭」、annualは「年に1回の」、biennialは「年2回の」、perennialは「一年を通して」から「永続的な」、annuityは「年金」、annalsは「年代記」となる。

　『最後の審判』には400人以上の人物が描かれており、中央には地上に再臨したイエスと聖母マリア、その周りを著名な聖人たちが囲んでいる。神による『最後の審判』によって、向かって右側には地獄へ堕ちていく人々、左側には天国へ昇天していく人々が描写されている。

　イエスから見ると天国は右側、地獄は左側だが、これには理由がある。『新約聖書』の「マタイによる福音書」第25章に、イエスが再臨する際に、全ての国々の民を前にして、「羊を私の右に、ヤギを私の左に分ける」ように言われる場面がある。これは『旧約聖書』による「羊」は神の民、「ヤギ」は悪人の象徴であるという考えに基づくものであり、人々の生前

ミケランジェロの『最後の審判』（筆者撮影）

の行いを裁いて、「善」と「悪」の区別をするのは再臨したイエスであり、人間の領域ではないことを説いているのである。

♛ なぜ右（right）が「正義」の意味を持つのか

英語でも "separate the sheep from the goats（羊とヤギを区別する）" は「善悪を区別する」意味で使われる表現で、キリスト教には「右＝善、左＝悪」という考えがある。語源的には、英語の「右」のrightは「まっすぐに導く」という意味の印欧祖語regに由来するように、**形容詞で「正しい」、名詞で「正義」**の意味になる。

一方、右の反対の「左」は「弱い」や「価値のない」が語源で、昔から右利きの人口が圧倒的に多かったことを裏付けるものと考えることができる。ラテン語で「左」を表す**sinister**は英語では**「不吉な」「悪意のある」**、同様にラテン語で「右」のdexterからきている英語の**dexterity**は**「器用さ」**、

形容詞形**dexterous**は「器用な」となる。

　イエスの右下には、十二使徒の一人で、皮剥ぎの刑で殉教した聖バルトロマイ（St. Bartholomew）が、手にナイフと生皮を持っている。聖人が絵画で描かれる時には、その聖人にまつわるものが一緒に描かれることが多かったようだ。この部分で興味深いのは、聖バルトロマイが持っている生皮にはミケランジェロの苦しそうな表情の自画像が描かれていることだ。60歳で制作を開始し、ほぼ一人で約5年間をかけて完成させているが毎日超多忙であったミケランジェロの心境を表したものだ。

　バルトロマイの後ろには、ミケランジェロが愛していた35歳年下のカヴァリエーリ青年が描かれているが、当時、同性愛は珍しいことではなかった。

　左下には煉獄から救われた人々が描かれている。「煉獄（purgatory）」とは、12世紀頃からカトリックのみに始まった教義で、小罪を犯した死者が罰を受けながら最後の審判の時を待つところで、天国と地獄の間にある場所のことだ。地上に生きる者が死者のために祈れば祈るほど、死者の魂は清められ救われるという信仰だ。

　右下には、船の上で死者に向かって櫂を振りかざしている男が描かれている。彼はギリシャ神話に登場する冥府の川アケロン（嘆きの川）の渡し守カロンだ。彼は死者から1オボロスの船賃を取って、船に乗せるものの、漕ぎ手は死者にやらせていたとされる。埋葬の際に1オボロスを口に入れてもらえなかった者は、この船に乗ることができないと考えられていた。まさに、地獄の沙汰も金次第だ。

　1オボロスは1ドラクマの6分の1だが、紀元前5世紀の1

ドラクマは1990年の25ドルに相当するという研究があるように、4ドル程度なので、微々たる額といえよう。死者たちは、この川を渡って、地獄の各階層に振り分けられるが、ミケランジェロが、この地獄の風景を描くにあたってはダンテの『神曲』の地獄編を参考にしたと言われる。

ミケランジェロの作品は絵画よりも彫刻の方が圧倒的に多く、自身でも彫刻家が本業であると自認していたが、彫刻の代表作が『ダビデ像』だ。彼が26歳であった1501年から3年半をかけて大理石で制作したもので、現在、フィレンツェのアカデミア美術館に収蔵されている。左肩に何かをかけている高さ517cmの全裸の男性像で、世界史や美術の教科書など、どこかで一度は見たことがある彫刻だろう。

ダビデは、古代イスラエルの2代目の国王。1993年にイスラエル北部で発見された碑文にアラム語で「ダビデの家」という表現があったことから歴史学的に見て実在性の高い人物とみなされている。なお、ダビデが左肩にかけているものは、

フィレンツェのシニョーリア広場にあるダビデ像

少年時代のダビデがペリシテの大男ゴリアテを倒した時に使った岩石を入れていた袋である。

ルネサンス期を代表する二大建築物

　ルネサンス期を代表する建築物を2つ挙げるとすれば、フィレンツェの「サンタ・マリア・デル・フィオーレ大聖堂」とバチカン市国の「サン・ピエトロ大聖堂」であろう。

　前者「サンタ・マリア・デル・フィオーレ大聖堂」は「フィレンツェのドゥオモ」とも呼ばれ、フィレンツェを実質的に支配していたメディチ家の発注によって建設された教会で、1296年から140年以上をかけて建設された。石積みのドームとしては現在でも世界最大の規模を誇り、屋根につけられた半球形の**「クーポラ（cupola）」**は古代ローマの技法を学んだ建築家ブルネレスキが考案した工法によるものだ。

サンタ・マリア・デル・フィオーレ大聖堂

サン・ピエトロ大聖堂

👑 『キューポラのある街』のキューポラの意味

cupola（キューパラと発音する）は「丸屋根」や「丸天井」のことで、ラテン語のcupula「cup（樽、箱）＋ula（小さいもの）」がイタリア語経由で英語に借入された語だ。「コーヒーカップ（coffee cup）」のcupも「樽」が語源で、固有名詞のCooper（クーパー）も「樽を作る人」や「桶屋」に由来する。「キューポラ（cupola furnace）」とは、鋳物の原材料となる鉄を溶かす「溶解炉」のことで、かつて鋳物産業が盛んだった埼玉県の川口市は、『キューポラのある街』という、のちに映画化される小説の舞台となったところだ。ちなみに、筆者が6年間教鞭をとった県立川口高校がある川口市のマスコットキャラクター「きゅぽらん」は、溶解炉の「キューポラ」がデザインのモチーフになっているそうだ。

「サン・ピエトロ大聖堂」はローマ・カトリック教会の総本山で、世界最小国バチカン市国にある世界最大の大聖堂

だ。最初の聖堂は4世紀、キリスト教を公認したコンスタンティヌス1世によって、イエスの十二使徒の一人で、初代ローマ教皇となった聖ペテロの墓所があったところに建てられた教会であることは既習事項だ。

　現在の建物は、1506年に教皇ユリウス2世の命によって改修作業が始まり、1626年に完成したものだ。ユリウス2世は盛期ルネサンスを代表する建築家ブラマンテに設計をさせていた。ブラマンテ（1444〜1514年頃）は『最後の晩餐』の壁画が描かれているミラノの「サンタ・マリア・デッレ・グラツィエ教会」を設計した人物で、建設中にレオナルド・ダ・ヴィンチとも交流があった。

　さらに、ユリウス2世はミケランジェロにバチカン宮殿のシスティーナ礼拝堂の天井画、ラファエロに同宮殿内の『アテネの学堂』という大壁画などを発注している。システィーナ礼拝堂の天井画については解説済みだが、『アテネの学

ラファエロの『アテネの学堂』

堂』には古代ギリシャのソクラテス、プラトン、アリストテレスという大哲学者のほかに、ピタゴラスやアレクサンドロス大王などの賢者たちが一堂に会する様子が描かれている。

この絵が描かれている場所はバチカン宮殿の、「署名の間」と呼ばれるユリウス２世の学問のための部屋で、「人類の智と徳の一切を描いた壁画を描いてほしい」というユリウス２世の希望によるものであった。一直線に並べられた上段の人物たちの両端からアーチ状の建物の頂点を線で結ぶと三角形が作られていて、安定感を与える構図になっている。下段の左右の人物たちについても小さな三角形が作られている。

中央に立つ２人の人物は左側がプラトン、右側がアリストテレスで、彼らが接する腰の辺りの部分が遠近法の消失点となり、左右対称の構図もルネサンス芸術を見事に表したものである。

絵の左右後ろの方に、２つの彫像があるが、向かって右にはギリシャ神話で知恵や学芸の女神アテナ、左側には竪琴を持った医学や音楽の神アポローンが描かれている。

この絵のもう一つの特徴は、古代ギリシャの賢者たちの顔が当時の有名人の顔に似せて描かれている点にある。たとえば、上段中央に立つプラトンは、レオナルド・ダ・ヴィンチ、下段中央やや左側で台にひじをついている自然哲学者ヘラクレイトスはミケランジェロの顔である。また、右端で、こちらに目を向けている人物は古代ギリシャで有名な画家のアペレス。この顔はラファエロ自身である。

ルネサンスの中心はフィレンツェからローマへ

この頃からルネサンスの中心はフィレンツェからローマ

に移っていくことになる。ユリウス2世の後に教皇になった
レオ10世はメディチ家出身であり、貪欲な金銭欲と権力欲
を持ち、浪費癖で悪名高い教皇であった。バチカン宮殿や
サン・ピエトロ大聖堂の改修費用を工面する目的で、ドイツ
の豪商フッガー家から資金を調達するが、その借金の返済の
ために、「贖宥状」を販売することになる。贖宥状は免罪符
とも呼ばれる一種のお札のようなもので、現世で罪を犯した
者も、このお札を買った者は天国に行くことができるという
ものだ。

♛ 「贖宥状（indulgence）」の起源

「贖宥」とは、罪を犯したキリスト教徒が神の代理人である
聖職者に告白し、その聖職者から課せられた償いの行為をす
ることで許されること。償いの一般的な行為は、断食、祈り、
巡礼などであった。11世紀から13世紀にかけて教会主導で
行われた十字軍に従軍することも贖宥の一つとされていた
が、何らかの事情で従軍できない者に対しては贖宥状が販売
され、これを購入することで償いの行為は免除されていた。

　これが贖宥状の起源になるが、レオ10世は、この贖宥状を
神聖ローマ帝国（のちのドイツ）で大量に販売し、その結果、
のちのルターによる宗教改革へとつながっていくことにな
る。「贖宥」の英語はindulgenceで、語源は「in（ない）＋
dulge（固定させる、従事させる）＋ence（こと）」から「償い
に従事させないこと」が原義で、動詞形indulgeは、快楽や趣
味などに「耽る」「喜ばす」、形容詞形indulgentは「寛大な」と
なる。

　古代ギリシャのアレキサンダー大王（在位紀元前336～紀
元前323年）の東方遠征によって、ギリシャ文化がオリエン

ト文化と融合して、ヘレニズム文化が生まれ、そのヘレニズム時代を経て、ギリシャの文化や哲学はイスラームの世界に広がっていった。8世紀から9世紀にかけて、イスラーム・アッバース朝の首都バグダード「知恵の館」では、ギリシアの書物がアラビア語に翻訳されていた。

これらのアラビア語の書物は12世紀〜13世紀にイベリア半島のトレドに伝わり、ラテン語に翻訳され、ここからヨーロッパに知られるようになる。これが一般に言われる「12世紀ルネサンス」だ。

トレドと同様に、南イタリアのシチリア島の中心地パレルモも同じような役割を果たすことになる。この地は、かつてフェニキア人、ローマ人、ゲルマン人などの支配を受けていたが、878年にイスラーム勢力に征服されたことで、パレルモが中心となり、土着の文化とイスラーム文化が融合する独特な文化をつくり出した。しかし、当時ラテン語を読めるのは聖職者や一部の知識人に限られていたため「12世紀ルネサンス」が民衆的な広がりを見せることはなかった。

『ガイアの夜明け』というテレビ東京系列の番組がある。日本国内外のビジネスの現場で、日本の再生を目指しながら日々奮闘している人たちを追いかけるドキュメンタリー番組だが、「ガイア」の意味をご存じだろうか。ガイアはギリシャ神話に登場する大地の女神だから、言い換えれば「地球の夜明け」だろう。あえて「ガイア」という言葉を使った背景に、視聴者の興味を引き付けたいという番組制作者の意図が読み取れる。カタカナ語をうまく使ったタイトルと言えよう。

　ガイアと関わりの深い言葉に「カオス」がある。「混沌」の意味で使われるが、ギリシャ神話でガイアが生まれる以前の状態を表す言葉がカオスであった。つまり、カオス（混沌）から生まれたのがガイア（地球）だ。カオスの子供には夜の女神のニュクスがいるので、ガイアとニュクスは姉妹ということになる。

　話は変わるが、筆者が現役の高校教諭で運動部の顧問をしていた頃、大会の試合会場で「ニケのシューズの落とし物がありました」という放送があった。声から判断すると、年配の教員であったと思われるが、それを聞いた生徒や教員たちから笑いが起こった。筆者はその瞬間、思った。「もしかしたら、この先生はスポーツブランドのNIKE（ナイキ）がギリシャ神話に登場する『勝利の女神（ニケ）』に由来することを知っているのでは」と（笑）。

ギリシャ神話の「勝利の女神＝Nike（ニケ）」は、ゼウスを頂点とする「オリンポス十二神」の一柱である女神アテナの使者で、有翼の女神として描かれる。19世紀中頃にギリシャのサモトラケ島で発見されたニケの像は現在、パリのルーブル美術館に展示されている。ナイキ社のロゴマークや、ホンダのオートバイのロゴマークは女神ニケの翼がモチーフになっている。Nike（ニケ）の英語読みは「ナイキー」である。ローマ神話で「ニケ」に相当するのは「ヴィクトリア（Victoria）」で、victory（勝利）やvictor（勝利者）の基になっている。イギリス帝国全盛期に君臨したヴィクトリア女王も勝利の女神に由来する名前である。

　ガイアとニュクスについては本書でも触れたが、ギリシャ神話は語源に関する話題の宝庫である。いつかギリシャ神話に特化した語源の本を書いてみたいと思っている。

　ところで、読者の皆さんは、海外ツアーに参加する時に、訪れる国の地理・歴史・社会情勢などの予備知識を持って参加しているだろうか。筆者は大学生の頃から旅行が好きで、今まで主にヨーロッパを中心に何度も旅行してきた。大学の専攻は一応、英文学であった

サモトラケのニケ（ルーブル美術館）

ので、ヨーロッパについての知識は人並みにはあったと思う。だが、ここで白状しよう。かつて筆者にとって、海外旅行の主な目的は日本にはない景色を見たり、地元の料理や酒を楽しみながら、純粋に余暇を楽しむことであった。単に有名だからとか世界遺産に登録されているからという理由で選んだ観光地がメインの旅行だった。

　60歳の定年を過ぎてからは毎年、ヨーロッパを訪れていたが、新型コロナのパンデミックによってそれができなくなった。その結果、家に閉じこもり、本やビデオを通してヨーロッパの歴史を学びながらバーチャルな旅を楽しむ日々が続いた。しかし、そこには様々な発見があり、そんな時に思いついたのが「語源×世界史」をテーマにした本書である。本書を執筆するに際し、主にヨーロッパの歴史について、実に膨大な時間を費やしてリスキリングすることになった。本書は紙面の関係でルネサンスまでの歴史となったが、いずれは宗教改革や大航海時代以降の歴史についても書いてみたいと思っている。

2023年6月　清水建二

青春新書
INTELLIGENCE

こころ涌き立つ「知」の冒険

いまを生きる

"青春新書"は昭和三一年に――若い日に常にあなたの心の友として、その糧となり実になる多様な知恵が、生きる指標として勇気と力になり、すぐに役立つ――をモットーに創刊された。

そして昭和三八年、新しい時代の気運の中で、新書"プレイブックス"にその役目のバトンを渡した。「人生を自由自在に活動する」のキャッチコピーのもと――すべてのうっ積を吹きとばし、自由闊達な活動力を培養し、勇気と自信を生み出す最も楽しいシリーズ――となった。

いまや、私たちはバブル経済崩壊後の混沌とした価値観のただ中にいる。その価値観は常に未曾有の変貌を見せ、社会は少子高齢化し、地球規模の環境問題等は解決の兆しを見せない。私たちはあらゆる不安と懐疑に対峙している。

本シリーズ"青春新書インテリジェンス"はまさに、この時代の欲求によってプレイブックスから分化・刊行された。それは即ち、「心の中に自らの青春の輝きを失わない旺盛な知力、活力への欲求」に他ならない。応えるべきキャッチコピーは「こころ涌き立つ「知」の冒険」である。

予測のつかない時代にあって、一人ひとりの足元を照らし出すシリーズでありたいと願う。青春出版社は本年創業五〇周年を迎えた。これはひとえに長年に亘る多くの読者の熱いご支持の賜物である。社員一同深く感謝し、より一層世の中に希望と勇気の明るい光を放つ書籍を出版すべく、鋭意志すものである。

平成一七年

刊行者　小澤源太郎

著者紹介

清水建二〈しみず けんじ〉

東京都浅草生まれ。KEN'S ENGLISH INSTITUTE
代表取締役。上智大学文学部英文学科卒業後、埼玉県
立浦和高校などの高校で英語教員を務める。基礎か
ら上級まで、わかりやすくユニークな教え方に定評
があり、生徒たちからは「シミケン」の愛称で親しま
れ、絶大な人気を博した。現在は、40年以上の英語指
導経験を生かした様々な英語教材を開発中。著書は、
シリーズ累計90万部突破の『英単語の語源図鑑』(共
著 かんき出版)、シリーズ40万部突破の『英会話「1
秒」レッスン』(成美堂出版)など100冊を超える。
公式サイト http://shimiken.me/

英語は「語源×世界史」を
知ると面白い

青春新書
INTELLIGENCE

2023年7月15日　第1刷

著　者　　清水建二

発行者　　小澤源太郎

責任編集　株式会社プライム涌光

電話　編集部　03(3203)2850

発行所　東京都新宿区
若松町12番1号
〒162-0056

株式会社青春出版社

電話　営業部　03(3207)1916　　振替番号　00190-7-98602

印刷・中央精版印刷　　製本・ナショナル製本

ISBN978-4-413-04673-2